ALEXANDER GAULAND

Das Legitimitätsprinzip in der Staatenpraxis seit dem Wiener Kongreß

Schriften zum Völkerrecht

Band 20

Das Legitimitätsprinzip in der Staatenpraxis seit dem Wiener Kongreß

Von

Dr. Alexander Gauland

DUNCKER & HUMBLOT / BERLIN

Alle Rechte vorbehalten
© 1971 Duncker & Humblot, Berlin 41
Gedruckt 1971 bei Buchdruckerei Richard Schröter, Berlin 61
Printed in Germany

ISBN 3 428 02569 5

Meiner Mutter

Vorwort

Die vorliegende Arbeit, die unter der Betreuung von Herrn Professor Dr. *Gerhard Hoffmann* entstand, wurde im Wintersemester 1970 von der Rechts- und Staatswissenschaftlichen Fakultät der Philipps-Universität in Marburg/Lahn als Dissertation angenommen.

Die Anregung zu dieser Untersuchung erhielt ich durch die Lektüre der Memoiren des Fürsten *Talleyrand*. Hier fand ich zum ersten Mal eine klare völkerrechtliche Konzeption des Legitimitätsprinzipes. Die Arbeit versteht sich als Versuch, die Entwicklung dieser Gedankengänge in den letzten 150 Jahren zu verfolgen. Herrn Professor *Hoffmann* danke ich besonders für die Anregungen, die er mir zu dem Kapitel über das sozialistische Legitimitätsprinzip zuteil werden ließ.

Die Arbeit wurde im Juli 1970 abgeschlossen. Die seitherige Entwicklung der Anerkennungspraxis gegenüber der Volksrepublik China wie gegenüber der DDR hat meine in der Schlußbemerkung zu der vorliegenden Arbeit getroffene Feststellung bestätigt, daß die demokratische Legitimation der Staatsgewalt als Vorbedingung ihrer Anerkennung im gegenwärtigen Völkerrecht keine Zukunft hat.

Dem Marburger Universitätsbund danke ich für seine Unterstützung bei dem Druck der Arbeit.

Marburg/Lahn, Mai 1971

Alexander Gauland

Inhaltsverzeichnis

Einleitung 13

Erstes Kapitel

Talleyrands Legitimitätsprinzip im Völkerrecht   16

A. Begriff 16
B. Die Eroberung im klassischen Völkerrecht 19
   I. Die Rechtslage bis zum Beginn der Wiener Verhandlungen 19
   II. Talleyrands Legitimitätsprinzip auf dem Wiener Kongreß 22
     1. Genua, Venedig und die Restauration der italienischen Staatenwelt 22
     2. Die Mediatisierungen 24
     3. Polen und Sachsen 26
   III. Die weitere Entwicklung des Eroberungsrechtes im 19. Jahrhundert 28

Zweites Kapitel

Das dynastische Legitimitätsprinzip im Völkerrecht   29

A. Begriff 29
B. Die Interventionen der Heiligen Allianz zu Beginn des 19. Jahrhunderts   31
   I. Geschichte 31
   II. Rechtliche Würdigung 35
C. Die dynastische Legitimität als Voraussetzung für die Anerkennung von Staaten und Regierungen im Völkerrecht 39
   I. Die europäische Staatenpraxis 39
     1. Vor 1815 39
     2. Nach 1815 41
   II. Die amerikanische Staatenpraxis 44
   III. Rechtliche Würdigung 46

Drittes Kapitel

Das demokratische Legitimitätsprinzip im Völkerrecht   51

A. Begriff-Abgrenzung vom Selbstbestimmungsrecht der Völker und vom konstitutionellen Legalitätsprinzip 51

B. Demokratische Legitimität und konstitutionelle Legalität als Anerkennungsvoraussetzungen in der Staatenpraxis 54
  I. Die amerikanische Anerkennungspraxis 54
    1. Die Jeffersondoktrin 54
    2. Die Anerkennungspolitik Staatssekretär Sewards 56
    3. Die mittelamerikanischen Verträge 58
    4. Die Wilsondoktrin 63
    5. Die amerikanische Haltung zur Anerkennung kommunistischer Regierungen 69
  II. Die europäische Anerkennungspraxis 73
    1. Großbritannien 73
    2. Frankreich 76
    3. Deutschland, Österreich-Ungarn 77
    4. Schweiz 79
  III. Rechtliche Würdigung 80
    1. Sind die demokratische Legitimation und die konstitutionelle Legalität der Staatsgewalt völkerrechtlich gebotene Anerkennungsvoraussetzungen? 80
    2. Verstößt die Nichtanerkennung einer Regierung wegen ihrer fehlenden demokratischen Legitimation gegen das Interventionsverbot? 85

Viertes Kapitel

Ansätze zu einem Legitimitätsprinzip in der Völkerrechtsliteratur der DDR   88

Fünftes Kapitel

Die Stimsondoktrin — ein Anwendungsfall des völkerrechtlichen Legalitätsprinzipes   91

Schlußbemerkung 94

Literaturverzeichnis 97

Abkürzungsverzeichnis

a. A.	=	anderer Ansicht
Acte final	=	Acte final du Congrès de Vienne
AdG	=	Archiv der Gegenwart
AdWC	=	Akten des Wiener Kongresses
AJIL	=	American Journal of International Law
Anm.	=	Anmerkung
Art.	=	Artikel
AVR	=	Archiv des Völkerrechts
Bd.	=	Band
BYIL	=	British Yearbook of International Law
DÖV	=	Die Öffentliche Verwaltung
dsgl.	=	desgleichen
DZ	=	Deutsche Zeitung
IAJY	=	Inter American Juridical Yearbook
Kap.	=	Kapitel
OAS	=	Organization of American States / Organisation Amerikanischer Staaten
RC	=	Recueil des Cours
RDI	=	Revue de Droit International
RDILC	=	Revue de Droit International et de Legislation Compareé
RGDIP	=	Revue Générale de Droit International Public
s.	=	siehe
S.	=	Seite
Suppl.	=	Supplement
UN	=	United Nations
vgl.	=	vergleiche
vol.	=	volume
WVR	=	Wörterbuch des Völkerrechts
WVRD	=	Wörterbuch des Völkerrechts und der Diplomatie
ZfaöRVR	=	Zeitschrift für ausländisches öffentliches Recht und Völkerrecht
Z.f.ges.St.W.	=	Zeitschrift für die gesamte Staatswissenschaft
Ziff.	=	Ziffer
Zit.	=	Zitat

Einleitung

Die Frage nach der Legitimität einer Herrschaftsordnung, d. h. nach ihrer inneren Berechtigung im Gegensatz zur Legalität als der bloß formalen Übereinstimmung mit einer konkreten gesetzlichen Ordnung, ist von der Staatsphilosophie zu verschiedenen Zeiten verschieden beantwortet worden[1]. Es ist nicht Aufgabe der vorliegenden Arbeit dazu einen weiteren Diskussionsbeitrag zu liefern; vielmehr soll die Geschichte des Legitimitätsprinzipes im Völkerrecht, seit es das erste Mal von *Talleyrand* auf dem *Wiener Kongreß* vorgestellt wurde, nachgezeichnet, und die Frage nach seiner völkerrechtlichen Geltung beantwortet werden. Dabei entsteht die Schwierigkeit, daß in Literatur und Staatenpraxis unter Legitimität nicht nur die Rechtfertigung der Ausübung der Staatsgewalt durch ein höherrangiges Prinzip[2], sondern verschiedentlich auch die positive Rechtmäßigkeit eines Sachverhaltes verstanden wurde und wird[3].

---

[1] S. dazu die Arbeit von *Gaudu* und die dort angeführte Literatur, sowie die vom Institut International de Philosophie Politique unter dem Titel L'Idee de Legitimité veröffentlichten Beiträge zum Legitimitätsproblem und *Friedrich* a.a.O. In neuerer Zeit haben Max *Weber* und der italienische Historiker *Ferrero* den Versuch unternommen, Herrschaftsformen nach den sie tragenden Legitimitätsvorstellungen zu unterscheiden. Nach Max *Weber* (Die drei reinen Typen der legitimen Herrschaft im Anhang zu *Winckelmann* S. 106 ff.) gibt es drei Typen legitimer Herrschaft: Die legale Herrschaft kraft Satzung, die auf der Vorstellung beruht, „daß beliebiges Recht durch formal korrekt gewillkürte Satzung geschaffen und abgeändert werden könne"; die traditionelle, vom Glauben an die Heiligkeit der vorhandenen ständisch feudalen Ordnung getragene Herrschaft und die charismatische Herrschaft, die aus der Hingabe der Gewaltunterworfenen an eine begnadete Führerpersönlichkeit erwächst.
Für *Ferrero* (Wiederaufbau S. 57 ff. und Macht, ebenso *Krauss* S. 1, 45) sind Legitimitätsprinzipien Regeln zur Erlangung und Weitergabe der staatlichen Macht, „die von jenen, die gehorchen als vernünftig und gerecht anerkannt werden" (Wiederaufbau S. 58) und damit die Ausübung dieser Macht rechtfertigen. In der westlichen Welt haben sich als Regeln der Machtzuteilung Erblichkeit und Wahl herausgebildet, wobei das aristokratisch-monarchische Prinzip der Erblichkeit im Laufe des 19. Jahrhunderts vom demokratischen Prinzip der Wahl verdrängt wurde.

[2] *Bieberstein* S. 45 Anm. 120; *Charpentier* S. 287; *Gemma* S. 308, 309; *v. d. Heydte*, Legitimität S. 333; *Le Normand* S. 270; *Nawiasky* S. 119; *Papaligouras* S. 319; *Quaritsch* S. 1227; *Schmitt*, Legalität und Legitimität; *Schuster*, S. 36—37; *Smend* S. 107; *Touscoz* S. 5; *Winckelmann* in Z. f. ges. St. W. S. 172; *Ziebura* S. 168.

[3] So die staats- und völkerrechtliche Literatur des 19. Jahrhunderts, für die Legitimität gleichbedeutend mit der Rechtmäßigkeit des Herrschafts-

Das gilt nicht nur für *Talleyrands* Legitimitätsprinzip. Sowohl das dynastische wie das demokratische Legitimitätsprinzip sind in der Praxis von der konstitutionellen Legalität nicht zu trennen. Weder eine Beschränkung auf den mit dem Begriff der Legitimität in der Staatsphilosophie verbundenen Inhalt noch die von *Kelsen* gegebene Definition: „Das Prinzip, daß die Norm einer Rechtsordnung so lange gilt, bis ihre Geltung auf eine durch diese Rechtsordnung bestimmte Weise beendet, oder durch die Geltung einer anderen Norm dieser Rechtsordnung ersetzt wird, ist das Prinzip der Legitimität"[4], wird der Verwendung dieses Prinzips in der Staatenpraxis gerecht. Vielmehr ist es notwendig, den Inhalt des Legitimitätsprinzipes für jede Epoche der Völkerrechtsgeschichte neu zu bestimmen. Dabei wird in dieser Arbeit entgegen einer weitverbreiteten Ansicht in der Literatur für das *Talleyrandsche Legitimitätsprinzip* ein eigenständiger Rang beansprucht. Die Gleichsetzung dieses Prinzips mit dem dynastischen Legitimitätsprinzip ist nach Meinung des Verfassers nicht nur auf den Mangel an zeitlichem Abstand und einer gewissen oberflächlichen Verwandtschaft, sondern vor allem darauf zurückzuführen, daß *Talleyrands* Memoiren, die seine Überlegungen zum Legitimitätsprinzip enthalten, erst im Jahre 1891 erschienen, zu einer Zeit, als die wissenschaftliche Auseinandersetzung mit dem dynastischen Legitimitätsprinzip praktisch beendet war. Von womöglich noch größerer, vor allem verfassungsgeschichtlicher Bedeutung, als der Versuch, das dynastische Legitimitätsprinzip im europäischen Völkerrecht zu verankern, ist die in der Lehre vom monarchischem Prinzip gipfelnde staatsrechtliche Ausgestaltung dieses Prinzips[5]. Doch hätte ihre Behandlung, ebenso wie eine eingehende Würdigung der von der staatsrechtlichen Literatur unternommenen Versuche, die dem strengen Legitimismus innewohnende Konsequenz eines dauernden Auseinanderfallens von Herrschaftsberechtigung und Herrschaftsausübung nach einer Revolution zu vermeiden, den völkerrechtlichen Rahmen der Arbeit gesprengt und ist deshalb unerörtert geblieben[6]. Wie der dem dynastischen Legitimitäts-

---

erwerbes nach geltendem Verfassungsrecht war — *Bluntschli*, Legitimität S. 354; *Bluntschli*, Staatsrecht S. 26; *Brie* S. 4; *Heffter* S. 97; *Held*, Staatsrecht S. 216; *Jordan* S. 61; *Klüber*, Deutscher Bund S. 108; *Meyer* S. 16; *Rotteck*, Legitimität, S. 476; *Zachariä*, I, S. 78; *Zöpfl*, I, S. 556; auch heute verwenden einige Autoren den Begriff Legitimität noch im Sinne von positiver Rechtmäßigkeit, siehe beispielsweise *Chen* S. 105; *Dahm* I S. 81 u. S. 135; *Gemma* S. 308; *Mattern* S. 15; *Redslob* in RDI S. 442; *Schätzel* S. 53.
[4] *Kelsen*, Reine Rechtslehre S. 213; ebenso General Theory S. 117.
[5] Siehe dazu die Denkschrift von *Gentz*: „Über den Unterschied zwischen den landständischen und Repräsentativverfassungen in *Klüber - Welcker* S. 213; *Meisner*; *Huber* S. 651 ff.; *Kaufmann* S. 36 ff.
[6] Zur Problematik einer staatsrechtlichen Verjährung siehe *Bluntschli*, Staatsrecht I S. 25—26; II, S. 60—61; *Brockhaus* S. 247 ff.; *Brie* S. 39 ff.; von einigem Interesse sind in diesem Zusammenhang auch die Ausführungen *Zöpfls* (S. 556 ff.) zum Legitimitätsprinzip.

prinzip zugrunde liegende Gedanke der Unantastbarkeit einer jeden Herrschaft als Antithese das Selbstbestimmungsrecht der Völker hervorgebracht hat, so das demokratische Legitimitätsprinzip die Ansätze zu einem neuen sozialistischen Legitimitätsprinzip. Der Forderung, wonach nur die auf der freien Zustimmung der Bevölkerung beruhende Staatsgewalt anerkennungsfähig sein soll, werden die vermeintlich objektiven Entwicklungsgesetze der menschlichen Gesellschaft als Maßstab für die Rechtmäßigkeit einer Herrschaftsgewalt entgegengestellt.

Schließlich ist es notwendig, einen Blick auf die *Stimsondoktrin* zu werfen, die verschiedentlich mit dem dynastischen wie dem demokratischen Legitimitätsprinzip in Verbindung gebracht worden ist, in Wahrheit aber einen Anwendungsfall des völkerrechtlichen Legalitätsprinzips darstellt. Die Gemeinsamkeit mit den beiden genannten Legitimitätsprinzipien besteht darin, daß ein normatives Prinzip — hier die völkerrechtliche Legalität — zur Voraussetzung der Anerkennung eines völkerrechtlichen Sachverhaltes erhoben wird.

Erstes Kapitel

Talleyrands Legitimitätsprinzip im Völkerrecht

A. Begriff

Die französische Revolution und in ihrem Gefolge die Kriege, zuerst der Republik, dann *Napoleons* gegen die wechselnden Koalitionen der europäischen Mächte hatten mit der vorrevolutionären Staatenwelt auch das europäische Gleichgewicht zerstört. Nachdem das französische Kaiserreich im Jahre 1814 zusammengebrochen und Frankreich auf die Grenzen vom 1. 1. 1792 zurückgeführt worden war[1], bedurfte es einer territorialen Neuordnung Europas, die auf einem allgemeinen europäischen Kongreß erfolgen sollte[2]. Frankreich, das durch die Abdankung *Napoleons*[3] und die Rückberufung der Bourbonen auf den Thron[4] wieder Königreich geworden war, wurde in Wien durch *Fürst Talleyrand*[5] vertreten.

Talleyrand erkannte, daß eine sinnvolle Neuordnung Europas eines Leitprinzipes bedurfte, um nicht in endlose Auseinandersetzungen über die Zweckmäßigkeit dieser oder jener Gebietszuteilung an die verschiedenen europäischen Staaten, die eine Kompensation für verlorene Gebiete oder den im Kampf gegen *Napoleon* entrichteten „Blutzoll" forderten, auszuarten. Sein Ziel war die Wiederherstellung und völkerrechtliche Garantie der legitimen Souveränitäten, wie sie vor den napoleonischen Eroberungskriegen in Europa bestanden hatten[6]. Erreichbar war dies nur durch die Verwerfung jedes Eroberungsrechtes[7], insbesondere die debellatio durfte keinen Rechtstitel zur Erwerbung

---

[1] Art. 2 des Ersten Pariser Friedens v. 30. Mai 1814 in *Fleischmann* S. 1—5.
[2] Art. 32 des Ersten Pariser Friedens v. 30. Mai 1814 in *Fleischmann* S. 1—5.
[3] Décret du Senat conservateur du 3 avril 1814 portant que Napoleon Bonaparte est déchu du trone, et que le droit d'hérédité etabli dans sa famille est aboli in *Duguit* S. 163—164.
Thronverzicht *Napoleons* (Acte de renonciation) vom 11. April 1814 in *Ploetz* S. 251—52.
[4] Art. 2 der französischen Verfassung v. 6. 4. 1814 in *Duguit* S. 164—67.
[5] Zu *Talleyrand* selbst siehe die ausgezeichnete Biographie von Duff Cooper, Talleyrand, Wiesbaden 1950.
[6] *Brockhaus* S. 3; *Nippold* S. 32; *Redslob*, Histoire S. 341.
[7] *Brockhaus* S. 15; *Schwarz* S. 20; *Bilfinger* in ZfaöRVR S. 466 Anm. 26.

eines Landes bilden[8]. Nach *Talleyrand* gab es zwei Grundregeln des öffentlichen Rechtes in Europa: „Die erste, daß die Landeshoheit nicht durch die einfache Tatsache der Eroberung erworben werden kann, sofern der besiegte Herrscher sie nicht an den Eroberer überträgt; und die zweite, daß eine Landeshoheit, also auch das Recht, das den Besitz derselben voraussetzt, für die übrigen Staaten nicht existiert, solange sie dieselbe nicht anerkannt haben[9]."

Das Legitimitätsprinzip diente *Talleyrand* damit zunächst als Umschreibung für zwei Rechtsinstitute des Völkerrechtes, die Abtretung und die Anerkennung territorialer Veränderungen[10]. Da Europa 1814/15 mit Ausnahme der Schweiz und der freien deutschen Städte aus Monarchien bestand, in denen die Souveränität noch immer als Eigentum des Landesherren angesehen wurde, ist es verständlich, daß sich *Talleyrand* privatrechtlicher Argumente zur Begründung einer Norm des Völkerrechtes bediente. Der Gedanke der Nationalsouveränität, wie ihn die französische Revolution hervorgebracht hatte[11], war zu dieser Zeit noch nicht zur allgemeinen Rechtsüberzeugung geworden[12] „Die Souveränität ist in der Völkergemeinschaft von Europa dasselbe, was der Privatbesitz in der bürgerlichen Gesellschaft bedeutet[13]. Ein Souverän, dessen Staaten der Eroberung anheimgefallen sind, hört durchaus nicht auf, Herrscher zu sein, sofern er nicht sein Recht übertragen oder darauf verzichtet hat. Er verliert vielmehr durch die Eroberung nur den faktischen Besitz und bleibt zu jeder Handlung berechtigt, die nicht diesen Besitzstand voraussetzt. In erster Linie gehört hierzu das Recht, Abgeordnete zu dem Kongreß zu senden"[14]. Ein erobertes Land konnte aber auch in der Lage sein, keinen zur Übertragung der Landeshoheit berechtigten Souverän zu besitzen, sei es, weil dieser für sich und seine Erben auf sein Recht verzichtet hatte, ohne es zu übertragen, sei es, weil das regierende Haus ausgestorben war[15]. In dem gleichen Zustand befand sich eine debellierte Republik, wenn der Usurpator die staatlichen Einrichtungen zerstört hatte. Nach *Talleyrands* privatrechtlicher Auffassung der Souveränität gab es dann kein legitimes Recht mehr, da der Träger dafür weggefallen war[16]. Nur

---

[8] *Ullmann*, S. 124.
[9] Instruktionen für die Gesandten des Königs beim Kongreß, entworfen von Talleyrand in *Talleyrand*, Memoiren II S. 166—167.
[10] *Kraft* S. 50.
[11] *Larnaude* S. 463.
[12] *Papaligouras* S. 340.
[13] Instruktionen für die Gesandten des Königs beim Kongreß, entworfen von Talleyrand in *Talleyrand*, Memoiren II S. 167.
[14] Dieselben S. 168.
[15] Instruktionen für die Gesandten des Königs beim Kongreß, entworfen von Talleyrand in *Talleyrand*, Memoiren II S. 167.
[16] Dieselben S. 167; ebenso *Talleyrand*, Memoiren II S. 112; diese Ansicht findet sich auch bei *Zöpfl* I, S. 557.

die Anerkennung durch die europäische Völkerrechtsgemeinschaft konnte in diesem Falle einen Gebietserwerb legitimieren. In den schon zitierten Instruktionen heißt es dazu: „Ein erobertes Land ohne Herrscher, gleich wie ein Besitztum ohne Herrn, bilden vakante Güter, aber auch gleichzeitig Teile eines nicht vakanten Gebietes, bleiben also auch den in diesem Gebiet geltenden Gesetzen unterworfen und können folgerichtig nur auf Grund dieses Gesetzes erworben werden. Bei dem Privatbesitz tritt in solchem Falle das öffentliche Recht des betreffenden Landes, bei einem Staat tritt das allgemeine Völkerrecht ein. Ist also die Übertragung durch den Herrscher selbst unmöglich, so muß sie unter allen Umständen ergänzt werden und das kann nur durch die Bestätigung von Seiten Europas geschehen"[17].

Der völkerrechtlichen Seite des Talleyrandschen Legitimitätsprinzipes entsprach eine staatsrechtliche. Danach war nicht nur jeder Gebiets- und Souveränitätserwerb durch Eroberung, sondern auch der revolutionäre Erwerb der Staatsgewalt unter Verletzung des bisherigen Trägers illegitim[18]. Aus der staatsrechtlichen Illegitimität der Revolution zog *Talleyrand* jedoch nicht die Konsequenz einer völkerrechtlichen Garantie der bestehenden Staats- und Regierungsformen, deren sicherste Garantie gegen neue revolutionäre Erschütterungen er in einer dem Stand der öffentlichen Meinung entsprechenden verfassungsmäßigen Ausübung der öffentlichen Gewalt erblickte[19]. Inhalt des Legitimitätsprinzipes war die Forderung nach Sicherung des allgemeinen Besitzstandes gegen jede Änderung, die nicht vom Boden geltenden Rechtes aus erfolgt[20]. Das galt, wenn auch mit unterschiedlicher Intensität sowohl für monarchisch wie für republikanisch verfasste Staaten[21]. *Talleyrand* verstand das Legitimitätsprinzip nicht als besonderes Vorrecht fürstlicher Familien, deren Herrschaftsberechtigung sich aus göttlichem Recht herleitet[22].

---

[17] Instruktionen für die Gesandten des Königs beim Kongreß, entworfen von Talleyrand in *Talleyrand*, Memoiren II S. 167—68. Wird diese Anerkennung im Rahmen eines völkerrechtlichen Vertragswerkes wie der Wiener Kongreßakte vorgenommen, so handelt es sich um eine Adjudikation, wenn auch nicht in der Form der richterlichen, sondern der vertraglichen Gebietszuweisung — *Schätzel*, Adjudikation S. 6; *Wehberg* S. 110; *Menzel*, Gebietserwerb S. 621.
[18] *Schätzel* S. 53.
[19] Schlußbericht *Talleyrands* an König Ludwig XVIII. in *Pallain* S. 414.
[20] *Kraft*, S. 51; *Brockhaus*, S. 22; *Meisner*, S. 116.
[21] Instruktionen für die Gesandten des Königs beim Kongreß, entworfen von Talleyrand in *Talleyrand*, Memoiren II S. 167 ebenso *Talleyrand*, Memoiren II S. 111; *Wendorf* S. 361.
[22] Schlußbericht *Talleyrands* an König Ludwig XVIII. in *Pallain* S. 412; politisches Testament *Talleyrands*, abgedruckt in der Vorrede des *Herzogs von Broglie* in den Memoiren I S. XIII, ebenso *Kraft* S. 91; *Griewank* S. 303; *Bigler* S. 105; a. A. eine große Anzahl staats- und völkerrechtlicher Autoren des vorigen Jahrhunderts: *Bluntschli*, Staatsrecht I S. 28; *Bluntschli*

Die Bezeichnung Legitimitätsprinzip ist daher irreführend, in Wahrheit handelte es sich nicht um ein Prinzip der Legitimität im Sinne einer Rechtfertigung der Ausübung der Staatsgewalt durch ein höherrangiges Prinzip wie das Gottesgnadentum oder die volonté générale, sondern um die Forderung nach Übereinstimmung der Machtausübung mit den anerkannten positiven Völkerrechtsnormen. Die Verletzung des positiven Völkerrechtes allein setzte *Talleyrand* folgerichtig gleich mit der Verletzung des Legitimitätsprinzipes schlechthin[23].

B. Die Eroberung im klassischen Völkerrecht

I. Die Rechtslage bis zum Beginn der Wiener Verhandlungen

Enthielt das klassische Völkerrecht die ihm von *Talleyrand* zugeschriebene Norm, daß die Souveränität nicht durch Eroberung erworben werden kann? Diese Frage ist nicht ganz leicht zu beantworten, da man sich das Völkerrecht des 18. Jahrhunderts nicht nur als eine Summe positiver Regeln vorstellen darf; vielmehr als vernunftbestimmte, allgemeinverbindliche Basis aller Regeln und Normen für das Zusammenleben der europäischen Staaten[24]. Dieses unmittelbar aus der Vernunft hervorgehende natürliche oder philosophische Völkerrecht[25] erhielt seine Verbindlichkeit daraus, daß die europäische Elite des 18. Jahrhunderts die Grundsätze des Naturrechts als allgemeinverbindliche Basis menschlichen Zusammenlebens und damit auch der Beziehungen der Staaten zueinander anerkannte. Daraus ergibt sich ein Nebeneinander[26] von sogenanntem positiven Völkerrecht, das sich aus den Verträgen und der Staatengewohnheit herleitet[27] und natürlichem Völkerrecht, das ist „das Naturrecht der einzelnen Menschen zweckmäßig auf die Völker angewendet"[28].

Betrachtet man die Staatengeschichte vom Westfälischen Frieden 1648 bis zum Ausbruch der französischen Revolution, so fällt auf, daß sich außer den polnischen Teilungen alle territorialen Veränderungen

---

Legitimität S. 352; *Goebel* S. 19, 20, 20 Anm. 1; *Held*, Grundzüge S. 216—17; *Klüber*, Deutscher Bund S. 109 Anm. b; *Zachariä* Staatsrecht I S. 78; in neuester Zeit *Sternberger*, S. 51; zu eng im Sinne eines unentziehbaren Rechts der Dynastie zur Thronfolge auch *Saumweber* S. 32; *Sehrbrock* S. 60.

[23] *Kraft* S. 63.
[24] *Griewank* S. 109.
[25] *Grotius*, Erstes Buch, 1. Kap., X (S. 50); *Günther* I S. 3; *Pölitz* S. 3; *Schmelzing* I S. 34—36; *Vattel*, Einleitung § 7 (S. 19).
[26] *Pölitz* S. 3—6; *Schmelzing* I S. 34.
[27] *Günther* I S. 16; *Martens*, Précis du Droit, Titel; *Pölitz* S. 14; *Schmalz* S. 10; *Schmelzing* I S. 30—33.
[28] *Schmelzing* I S. 35.

in Europa durch einen Friedensschluß und die Zession des Gebietes durch den Besiegten vollzogen[29].

Daraus läßt sich folgern, daß es nicht der Rechtsüberzeugung der europäischen Staaten entsprach, den Erwerb der Souveränität allein auf das Eroberungsrecht zu stützen[30]. Problematisch wird die Frage, wenn der Gegner durch eine sogenannte debellatio völlig niedergeworfen war und der Sieger sich das gesamte Staatsgebiet einverleiben wollte. Hier genügte nach überwiegender Auffassung der Lehre die Eroberung als Rechtstitel[31]. Das einzige historische Beispiel ist die dritte polnische Teilung von 1795[32]. Die beiden ersten polnischen Teilungen von 1772 und 1793 erfolgten mit Zustimmung des polnischen Reichstages und sind deshalb als Gebietszessionen anzusehen[33]. Gerade die Vernichtung des Staates Polen wurde jedoch von den Zeitgenossen als wider Treu und Glauben und die Grundsätze des „droit public europeén" angesehen[34].

---

[29] Siehe z. B. Abtretung der 1552 von Frankreich annektierten lothringischen Bistümer Metz, Toul und Verdun im Westfälischen Frieden durch das Reich — Frieden zu Münster v. 24. 10. 1648 Art. 70, *Vertrags-Ploetz* S. 75—82 (S. 81); *Strupp*, Urkunden I S. 16—23 (S. 22).
Abtretung der Franche-Comté, Besancon, Valenciennes, Condé, Cambrai usw. an Frankreich durch Spanien im Frieden von Nymwegen v. 17. 9. 1678 Art. 4, *Vertrags-Ploetz* S. 99—103 (S. 101); *Ghillany*, Chronik I S. 184—85.
Abtretung der 1681 durch die französischen Reunionskammern annektierten Teile des Elsass mit Straßburg an Frankreich durch das Reich im Frieden von Ryswijk vom 30. 10. 1697 Art. 16, *Vertrags-Ploetz* S. 113—14; Rückgabe der übrigen Reunionen: Freiburg (Art. 19), Breisach (Art. 20), Kehl (Art. 21), Philippsburg (Art. 22), Zweibrücken (Art. 9);
Abtretung Ungarns an den Kaiser durch die Pforte im Frieden von Karlowitz v. 26. 1. 1969, Art. 4, *Vertrags-Ploetz* S. 116—18 (S. 117); Abtretung Lothringens durch das Reich an Stanislaus Leszynski, nach dessen Tod es an Frankreich fällt, durch den Frieden von Wien v. 3. 10. 1735, Art. 1. *Ghillany*, Chronik I S. 251—53 (S. 251); *Vertrags-Ploetz* S. 156—58 (S. 157).
Abtretung Schlesiens an Preußen durch *Maria Theresia* im Frieden von Breslau v. 11. 6. 1742 und Berlin v. 28. 7. 1742 Art. 5; *Ghillany* Chronik I S. 263—64 (Breslau), S. 265—66 (Berlin); *Vertrags-Ploetz* S. 161—163 (S. 162).
Abtretung Neu-Schottlands, Kanadas, Tobagos usw. durch Frankreich an Großbritannien im Frieden von Paris v. 10. 2. 1763 Art. 4—12, *Ghillany*, Chronik I S. 301—304; *Vertrags-Ploetz* S. 177—179 (S. 178).
[30] *Berber* I S. 344; *Ferrero*, Wiederaufbau S. 125—26; *Günther* II S. 113; *Meermann* S. 45, 51; *Tobler* S. 438; *Vattel*, Buch III Kap. XIII § 197 (S. 473); *Textor*; Kap. XXVIII §§ 33, 34 (S. 308); *Wehberg* S. 89;
a.A. Grotius 3. Buch 8. Kap. I (S. 485); *Pufendorf* Buch VIII Kap. VI (S. 1314).
[31] *Berber* I S. 344; *Brockhaus* S. 16; *Grotius* 3. Buch 8. Kap. I (S. 485); *Pufendorf* Buch VIII Kap. VI (S. 1314); *Tobler* S. 438; *Vattel* Buch III, Kap. XIII § 197 (S. 473); *Wehberg* S. 89; *Wehberg* in *Spiropoulos* S. 436.
[32] *Vertrags-Ploetz* S. 210—11; *Schätzel* S. 15.
[33] *Vertrags-Ploetz* S. 183—85, 206—07; *Schätzel* S. 15;
a. A. *Berber* I S. 342, der sie als Annexionen ansieht.
[34] Vgl. Note *Talleyrands* an *Metternich* v. 19. 12. 1814 in *Klüber*, AdWC VII S. 48—56 (S. 51, 52) *Gentz* S. 21—25; *Malte - Brun* S. 39, 41; *Brougham* I S. 332; *Maria Theresia* zitiert in dtv-Atlas zur Weltgeschichte 1 S. 285.

B. Die Eroberung im klassischen Völkerrecht

Die Revolutionskriege brachten eine Fülle von Annexionen sowohl von Teilen eines Staatsgebietes als auch ganzer Staaten. Die vollständige Aufzählung dieser Annexionen würde den Rahmen der vorliegenden Arbeit sprengen[35]. Noch immer hielt man jedoch daran fest, Teilannexionen durch darauffolgende Friedensverträge in Zessionen zu verwandeln[36], während bei vollständiger Unterwerfung eines Staates die Tatsache dieser Unterwerfung als Rechtstitel für den Erwerb der Souveränität genügte[37]. Neu war die Annexion eines ganzen Staates durch Annexionserklärung ohne vorhergehende debellatio[38]. Zusammenfassend kann man sagen, daß zur Zeit des Beginns der Wiener Verhandlungen das europäische Völkerrecht einen Gebietserwerb regelmäßig nur mit Zustimmung des betroffenen Staates zuließ, es sei denn, das gesamte Staatsgebiet wurde einverleibt[39]. Für diesen Fall hatte sich zumindest seit Beginn der Revolutionskriege ein uneingeschränktes Eroberungsrecht im Völkerrecht durchgesetzt. *Talleyrands* Legitimitätsprinzip enthielt demnach eine Norm, die nicht oder nicht mehr Bestandteil des geltenden Völkerrechts war: Die debellatio mit anschließender Einverleibung des gesamten Staatsgebietes sei kein völkerrechtlicher Erwerbstitel.

---

[35] Als Beispiele seien genannt die Annexionen von Avignon 1791, Savoyen 1792, Nizza und Monaco 1793, Modena 1796, Venedig 1797, Malta 1798 und der Toskana 1799, sowie die Annexion der österreichischen Niederlande und des linken Rheinufers mit Mainz 1793 (vgl. *Schätzel* S. 18—20; das von ihm als Beispiel angeführte Herzogtum Parma wurde 1797 nicht annektiert — siehe dazu *Ghillany* Chronik I S. 399, Parma fiel durch Zession 1802 an Frankreich — *Ghillany* Chronik I S. 428).

[36] So wurden die österreichischen Niederlande in Art. 3 des Friedens von Campo Formio vom 17.10.1797 durch das Reich an die französische Republik abgetreten, *Vertrags-Ploetz* S. 215—18 (S. 216); *Strupp* Urkunden I S. 89—92 (S. 90); das linke Rheinufer mit Mainz wurde in Art. 6 des Friedens von Luneville v. 9.2.1801 an Frankreich zediert, *Strupp* Urkunden I S. 96—98 (S. 98), *Vertrags-Ploetz* S. 219—220.

Pius VI. trat Avignon im Vertrag zu Tolentino am 19.2.1797 an die französische Republik ab, *Vertrags-Ploetz* S. 218; die Zession Piemont-Savoyens und Nizzas durch den König von Sardinien an Frankreich erfolgte 1796; vgl. auch Memoire raisonné sur le sort de la Saxe et son Souverain vom 2.11.1814 in *Klüber* AdWC I S. 11—15 (S. 11), worin die französische Delegation auf dem Wiener Kongreß auf die Tatsache hinweist, daß weder die Annexion Hannovers und dessen Übergabe an Preußen durch Frankreich, noch diejenige Guadeloupes durch England mit darauffolgender Übertragung an Schweden von den negativ betroffenen Staaten anerkannt wurde.

[37] Z. B. Venedig, Hessen-Kassel, Braunschweig (*Ghillany*, Chronik I S. 453,54). Dagegen wurden Toskana und Modena gegen territoriale Entschädigungen im Frieden von Luneville von ihren Souveränen an Frankreich zediert, *Vertrags-Ploetz* S. 219, *Ghillany*, Chronik I S. 425—27.

[38] Venedig (*Ghillany*, Chronik I S. 403), der Kirchenstaat 1810 (*Ghillany*, Chronik I S. 473, 480).

[39] *Berber* I S. 344.

II. Talleyrands Legitimitätsprinzip auf dem Wiener Kongreß

Es ist von verschiedenen Autoren behauptet worden, daß die Neuordnung Europas durch den Wiener Kongreß in krassem Widerspruch zum Legitimitätsprinzip erfolgt sei[40], weil die Staatsmänner von Wien weder den polnischen Staat, noch die Republik in Venedig und Genua wiederherstellten. Genua protestierte in Wien gegen seine Einverleibung in das Königreich Sardinien[41]. Die Säkularisation der geistlichen Güter und Mediatisierung[42] der reichsunmittelbaren Fürsten, Grafen und Städte durch den Reichsdeputationshauptschluß von 1803[43] und die Rheinbundakte von 1806[44] wurde trotz Protest der vormaligen Reichsstände[45] und des Papstes[46] aufrechterhalten. Vergeblich war auch der Versuch des Exkönigs *Gustav IV* von Schweden die Unterstützung des Kongresses gegen die Dynastie *Bernadotte* zu gewinnen[47]. Einer kritischen Überprüfung hält diese Ansicht jedoch nicht stand.

1. Genua, Venedig und die Restauration der italienischen Staatenwelt

Die Republik Genua, die sich 1797 nach französischem Vorbild in eine demokratische ligurische Republik verwandelt hatte[48], wurde 1805

---

[40] *Brockhaus* S. 32—41; *Duriez* S. 129, 163; *Redslob* S. 231; *Stieglitz* S. 679—91; weniger scharf auch *Webster* S. 166 und *Bulmerincq* S. 50.

[41] Protestation du Gouvernement provisoire de Gènes contre la reunion de cet Etat au Piemont dateé de Gènes le 26 Dec. 1814 in *Klüber* AdWC VII S. 433—35.

[42] Die Mediatisierung ist ein Begriff aus dem Verfassungsrecht des Heiligen Römischen Reiches Deutscher Nation und bedeutete die Unterwerfung eines Reichsstandes unter die Landeshoheit eines anderen. Der dadurch seiner Reichsunmittelbarkeit beraubte, mittelbar gewordene Standesherr verlor seine Reichsstandschaft (vgl. dazu *Zöpfl* I S. 197; *Berchtold* S. 167; zum Verfassungsrecht des Heiligen Römischen Reiches Deutscher Nation s. *Zöpfl* I S. 153—269).

[43] *Vertrags-Ploetz* S. 221—23.

[44] *Vertrags-Ploetz* S. 229—230; *Strupp*, Urkunden I S. 103 ff.

[45] *Klüber* AdWC I 2. Heft S. 124—142; 3. Heft S. 135—139; II S. 584—86; III S. 467—93; IV S. 143—148, S. 299—304; VI S. 325—26; IX S. 312—313.

[46] *Klüber* AdWC VI S. 437—41, S. 441—46.

[47] *Klüber* AdWC I 2. Heft S. 96—97; IX S. 335—36 zur verfassungsrechtlichen Problematik der schwedischen Thronfolge s. *Brockhaus* S. 38, vgl. auch *Ghillany*, Chronik I S. 470. Da *Bernadotte* den Thron Schwedens ohne Eroberung gewonnen hatte, entsprach die Haltung des Kongresses den von *Talleyrand* verkündeten Grundsätzen — so auch, wenngleich mit anderer Begründung *Bastid* S. 3. Die abweichende Meinung in der Literatur beruht auf einer Verwechslung des Talleyrandschen Legitimitätsprinzipes mit der dynastischen Legitimität. Die von *Stieglitz* S. 689—91 außerdem angeführte Vereinigung Norwegens mit Schweden war weder teil der in der Wiener Schlußakte fixierten territorialen Neuordnung Europas, noch eine Verletzung des Legitimitätsprinzipes. Dänemark hatte Norwegen bereits im Frieden zu Kiel v. 14. 1. 1814 (*Strupp*, Urkunden I S. 124) an Schweden zediert.

[48] *Ghillany*, Chronik I S. 404.

B. Die Eroberung im klassischen Völkerrecht

auf eigenen Wunsch in das französische Kaiserreich eingegliedert[49]. Genua gehörte damit zu den Gebieten, auf die Frankreich im Ersten Pariser Frieden Verzicht leistete[50]. Da das Selbstbestimmungsrecht der Völker 1814 keine Rolle im europäischen Völkerrecht spielte[51], Genua andererseits niemals annektiert worden war, kann von einer Verletzung des Legitimitätsprinzipes durch die Entscheidung des Kongresses, Genua mit dem Königreich Sardinien zu vereinigen[52], nicht die Rede sein[53]. Das Ergebnis wäre das gleiche, wenn Genua seine Staatlichkeit durch französische Eroberung eingebüßt hätte, wie die Republik Venedig, deren Rechtslage sich in dieser Hinsicht von der Genuas unterscheidet[54]. Da nach *Talleyrands* Ansicht die Souveränität, wenn sie nicht im Eigentum eines Fürsten stand, mit der Zerstörung der republikanischen Einrichtungen unterging, war es nicht notwendig, die republikanische Staatsform wiederherzustellen, wenn die Eroberung von der europäischen Staatengemeinschaft bestätigt wurde[55]. Mit ihrer Unterschrift unter die Wiener Kongreßakte anerkannten die europäischen Hauptmächte, durchaus in Übereinstimmung mit dem Talleyrandschen Legitimitätsprinzip, das Eigentumsrecht des Kaisers von Österreich an dem Gebiet der ehemaligen Republik von San Marco[56].

In Übereinstimmung mit dem Legitimitätsprinzip wurde Neapel den Bourbonen zurückgegeben[57], Sardinien, Toskana, Modena und der Kir-

---

[49] *Ghillany,* Chronik I S. 442.
[50] Vgl. Erster Pariser Frieden v. 30.5.1814 Art. 2 in *Fleischmann* S. 1—5 (S. 1), *Vertrags-Ploetz* S. 252—54 (S. 253).
[51] *Rie* in AVR S. 272.
[52] Art. 86 Acte final du congrès de Vienne du 9 Juin 1815 in *Klüber* AdWC VI S. 3—96 (S. 77); die Schlußakte des Wiener Kongresses findet sich auch in de *Flassan* III S. 3—95, sowie in Auszügen in *Fleischmann* S. 5—19 und *Strupp,* Urkunden I S. 126—150.
[53] Das Schicksal Genuas teilten die belgischen Provinzen (vgl. österreichische Niederlande oben S. 21 Anm. 36), die in Wien mit Holland vereinigt wurden (Acte final Art. 65 in *Klüber* AdWC VI S. 3—96 (S. 62) und Parma (vgl. oben S. 21 Anm. 35), das die Gattin Napoleons, *Marie Louise,* erhielt (Acte final Art. 99 in *Klüber* AdWC VI S. 83).
Keine dieser beiden Bestimmungen wurde jedoch in gleicher Weise kritisiert; für die Vereinigung der belgischen Provinzen mit Holland a. A. ohne Begründung nur *Stieglitz* I S. 683.
[54] *Ghillany,* Chronik I S. 403. Frankreich trat seine venezianische Eroberung in Art. 6 des Friedens von Campo Formio (*Strupp,* Urkunden I S. 89—92 (S. 90), *Vertrags-Ploetz* S. 215—18 (S. 216) an Österreich ab, das Venedig nach dem verlorenen dritten Koalitionskrieg — Schlacht bei Austerlitz — in Art. 4 des Friedens zu Preßburg v. 26.12.1805 (*Ghillany,* Chronik I S. 446—48) an das von *Napoleon* geschaffene und in Personalunion mit Frankreich verbundene Königreich Italien zedierte.
[55] *Talleyrand,* Memoiren II S. 112; Instruktionen für die Gesandten des Königs beim Kongreß, entworfen von Talleyrand in *Talleyrand,* Memoiren II S. 167.
[56] Acte final du congrès de Vienne Art. 93 in *Klüber* AdWC VI S. 3—96 (S. 79).
[57] Acte final du congrès de Vienne Art. 104 in *Klüber* AdWC VI S. 87.

chenstaat unter ihren alten Dynastien wiederhergestellt[58], letzterer verkleinert um die Grafschaften Avignon und Venaissin, die der Heilige Stuhl im Vertrag zu Tolentino 1797 an Frankreich abgetreten hatte[59]. Vergeblich versuchte Kardinalstaatssekretär *Consalvi* in Wien die Rechtswirksamkeit dieser Zession mit der Begründung, sie sei unter Zwang erfolgt, zu bestreiten[60]. Nur Zwang oder Drohungen mit Zwang gegen die den Vertrag abschließenden Vertreter machten im klassischen Völkerrecht einen Vertrag anfechtbar. Solange das Recht zum Kriege praktisch uneingeschränkt anerkannt war, mußte der Zwang beim Vertragsschluß als rechtsunerheblich gelten, weil sonst die Mehrzahl der Friedensverträge, die am Ende eines Krieges dem Besiegten auferlegt wurden, anfechtbar gewesen wäre[61]. Die durch eine militärische Niederlage erzwungene vertragsweise Abtretung bedeutete keine Verletzung des Legitimitätsprinzipes[62].

2. Die Mediatisierungen

Weniger eindeutig stellt sich die Rechtslage der mediatisierten Reichsstände dar. Die Aufhebung aller geistlichen Fürstentümer sowie mehrerer freier Städte durch den Reichsdeputationshauptschluß von

---

[58] Acte final Art. 85—92 (Sardinien), Art. 100 (Toskana) — Die Wiedereinsetzung der seit 1737 in der Toskana regierenden Habsburger in der Person Erzherzog Ferdinands war kein Gebot des Legitimitätsprinzipes, da der Erzherzog sein Land rechtsgültig an Frankreich abgetreten hatte (vgl. oben S. 21 Anm. 37) und dieses die Toskana wiederum dem Herzog Ludwig von Parma zediert hatte (*Ghillany*, Chronik I S. 428). Ein erneuter Abtretungsvertrag zwischen der Königin-Regentin des in ein Königreich Etrurien umgewandelten Großherzogtums Toskana und Frankreich war unter der Bedingung stipuliert worden, daß die Königin das in Portugal neu zu schaffende Königreich Lusitanien erhalten sollte (*Ghillany*, Chronik I S. 462). Diese Verpflichtung hatte Napoleon nie eingelöst, so daß der Königin von Etrurien weiterhin die Souveränitätsrechte über dieses Land zustanden (Instruktionen für die Gesandten des Königs beim Kongreß entworfen von Talleyrand in *Talleyrand* Memoiren II S. 172—73, 186). Der Kongreß entschädigte die Königin von Etrurien für den Verzicht auf ihre Rechte mit dem zum Herzogtum erhöhten Fürstentum Lucca (Acte final Art. 101—102 in *Klüber* AdWC VI S. 85) — Art. 98 (Modena), Art. 103 (Kirchenstaat) in *Klüber* AdWC VI S. 76—78, 83, 82, 86.
[59] *Vertrags-Ploetz* S. 218.
[60] *Klüber* AdWC IV S. 319—25, S. 325—28.
[61] *Berber* S. 437; *Bluntschli*, Völkerrecht S. 233—34; *Duriez* S. 116—17; *Grotius* 3. Buch, 19. Kap. XI (S. 553); *Guggenheim-Marek* in Strupp-Schlochauer III S. 541—42; *Klüber*, Völkerrecht II S. 520; *Menzel* S. 266; *Oppenheim-Lauterpacht* I S. 891; *Pölitz* S. 248; *Vattel* Buch IV, Kap. IV § 37 (S. 540); *Wengler* I S. 219; eine Pflicht zur Vertragserfüllung besteht nach *Grotius* 3. Buch, 19. Kap. XI (S. 554); *Vattel* Buch IV Kap. IV § 37 (S. 541); *Schmelzing* II S. 310 nur dann nicht, wenn der Vertrag durch „ungerechte" Drohung oder Gewaltanwendung erzwungen wurde; eine solche Unterscheidung ist jedoch undurchführbar (s. dazu *Klüber*, Völkerrecht I S. 232 Anm. f).
[62] S. Instruktionen für die Gesandten des Königs beim Kongreß entworfen von Talleyrand in *Talleyrand*, Memoiren II S. 166—67; die gegenteilige Auffassung *Schätzels* (S. 53) findet hier keine Stütze.

1803[63] hatte sich in den verfassungsmäßigen Formen des Heiligen Römischen Reiches Deutscher Nation vollzogen[64]. Durch kaiserliches Ratifikations-Kommissions-Dekret war den neuen Herren das Eigentumsrecht an den reichsständischen Territorien übertragen worden, deren rechtmäßige Inhaber sie dadurch wurden. Zweifel an der Rechtmäßigkeit des Reichsdeputationshauptschlusses ergeben sich allerdings aus der in Art. V §§ 14, 15 des Osnabrücker Friedensinstrumentes[65] enthaltenen Garantieklausel des Westfälischen Friedens, die den vermögensrechtlichen Besitzstand der Religionsparteien nach dem Status des Normaljahres 1624 gewährleistete, und zwar nicht nur im Verhältnis der Konfessionen zueinander, sondern auch im Verhältnis von Kirche und Staat[66]. Wenn auch die Garantiemächte des Westfälischen Friedens, Frankreich und Schweden, den Veränderungen zustimmten, bleibt der Reichsdeputationshauptschluß doch ein Akt der legalen Revolution. Entgegen der im 18. Jahrhundert entwickelten Auffassung von der Kirche als einer dem Staat untergeordneten Institution, war sie im alten Reich gleichberechtigte weltliche Macht, was sich auch in der Stellung der Erzbischöfe von Mainz, Köln und Trier als Kurfürsten des Heiligen Römischen Reiches Deutscher Nation ausdrückte[67].

Einer solchen, wenn auch zweifelhaften Rechtsgrundlage, entbehrten die Mediatisierungen reichsständischer Fürsten und Grafen durch die Rheinbundakte[68]. Gleichwohl erscheint es zweifelhaft, ob das Legitimitätsprinzip die Wiederherstellung dieser Souveränitäten erforderte. Die von den erblichen Reichsständen mit voller Landeshoheit besessenen Territorien waren nicht im eigentlichen Sinne des Wortes annektiert worden — den Mediatisierten verblieben gewisse Hoheitsrechte[69] in

---

[63] *Vertrags-Ploetz* S. 221—23.
[64] *Brockhaus* S. 39.
[65] *Ghillany*, Chronik I S. 151—55.
[66] *Huber* S. 57.
[67] Zur Rechtsproblematik des Reichsdeputationshauptschlusses s. ausführlich *Huber* S. 56 ff.
[68] *Brockhaus* S. 40; *Jaup* S. 413; *Berchtold* S. 166. Die entgegengesetzte Ansicht *Talleyrands*, daß das Reich den Mitgliedern des Rheinbundes die Souveränitätsrechte der mediatisierten Reichsstände übertragen habe (Instruktionen für die Gesandten des Königs beim Kongreß entworfen von Talleyrand in *Talleyrand* Memoiren II S. 169) läßt sich angesichts des gleichzeitigen Austritts der Rheinbundfürsten aus dem Reichsverband nicht aufrecht erhalten (Art. I, II der Rheinbundakte in *Strupp*, Urkunden I S. 103—4); Erklärung der Rheinbundstaaten über ihren Austritt aus dem Reich v. 1. 8. 1806 in *Strupp*, Urkunden I S. 109—111.
[69] Art. 27 der Rheinbundakte in *Strupp*, Urkunden I S. 105 — so behielten sie u. a. das Recht der niederen und mittleren Zivil- und Kriminalgerichtsbarkeit, wie überhaupt alle Patrimonialrechte, die nicht wesentlicher Bestandteil der Souveränität waren (vgl. *Zöpfl* I S. 265—66; *Berchtold* S. 168). Völlig entzogen wurde den Standesherren das Recht der Gesetzgebung, der obersten Gerichtsbarkeit, der hohen Polizei, der Truppenaushebung und der Besteuerung — Art. 26 der Rheinbundakte in *Strupp*, Urkunden I S. 105.

den als Fürstentümer, Grafschaften usw. fortbestehenden Herrschaften[70]. Auch hatten sich die Standesherren ohne Vorbehalt und ohne Protest bei Kaiser und Reich unterworfen, ja sogar an der Übertragung ihrer Souveränitäts- und Eigentumsrechte auf die Rheinbundfürsten mitgewirkt[71], ein Verhalten, das den späteren Protesten den Charakter eines venire contra factum proprium verleiht.

3. Polen und Sachsen

Die politische Konvenienz bestimmte die Haltung der Kongreßmächte in der polnischen wie in der sächsischen Frage, wenngleich die gefundenen Lösungen nicht unbedingt im Widerspruch zum Legitimitätsprinzip standen. Nachdem Österreich, Rußland und Preußen in der dritten Teilung Polen ausgelöscht und sein gesamtes Staatsgebiet annektiert hatten[72], wäre die Wiederherstellung dieses Staates in den durch die zweite polnische Teilung gezogenen Grenzen[73] und die Rückgabe der polnischen Königskrone an *Stanislaus Poniatowski* zu dessen Lebzeiten ein Gebot des Legitimitätsprinzipes gewesen. Mit dem Tode des letzten polnischen Wahlkönigs im russischen Exil 1798 war der persönliche Träger der polnischen Souveränität weggefallen. Entsprechend den von *Talleyrand* entwickelten völkerrechtlichen Grundsätzen zum Legitimitätsprinzip[74] trat als Rechtstitel an die Stelle der unmöglich gewordenen Übertragung der Landeshoheit durch den Souverän die Anerkennung des polnischen Besitzstandes der Teilungsmächte durch den Wiener Kongreß[75].

Im Gegensatz dazu blieb das von Preußen als Entschädigung für den Verlust seiner polnischen Gebiete an Rußland geforderte Königreich Sachsen als unabhängiger Staat erhalten, mußte jedoch einen Teil

---

Zur Rechtsstellung der nur mit beschränkter Landeshoheit (*Zöpfl* S. 257—58) ausgestatteten Reichsritterschaft nach ihrer Mediatisierung vgl. *Beck* S. 463.

[70] Art. 30 der Rheinbundakte in *Strupp*, Urkunden I S. 106; s. *Berchtold* S. 167.

[71] *Jaup* S. 414.

[72] *Vertrags-Ploetz* S. 210—11.

[73] In Übereinstimmung mit *Schätzel* S. 15 wird hier davon ausgegangen, daß die beiden ersten polnischen Teilungen von 1772 (*Vertrags-Ploetz* S. 183—85) und 1793 (*Vertrags-Ploetz* S. 206—07) Gebietszessionen waren, da sie mit Zustimmung des polnischen Reichstages erfolgten (vgl. oben S. 14).

[74] Instruktionen für die Gesandten des Königs beim Kongreß, entworfen von Talleyrand in *Talleyrand* Memoiren II S. 167—68.

[75] Acte final du congrès de Vienne Art. 1—14 in *Klüber* AdWC VI S. 3—96 (S. 19—25). Napoleon hatte 1807 aus den im Frieden von Tilsit (*Ghillany*, Chronik I S. 459—61) von Preußen abgetretene polnische Gebieten das Großherzogtum Warschau unter der Souveränität des Königs von Sachsen gebildet. Der größte Teil des Großherzogtums wurde als Königreich in Personalunion mit Rußland vereinigt (Art. 1 — „Kongreßpolen"), ein kleinerer Teil fiel an Preußen (Art. 2); Krakau, über dessen Besitz sich die drei Teilungsmächte nicht einigen konnten, wurde freie Stadt (Art. 6).

B. Die Eroberung im klassischen Völkerrecht

seines Staatsgebietes an Preußen abtreten[76]. Doch zeigte gerade die Diskussion um Sachsen, daß das Legitimitätsprinzip nicht der gemeinsamen Rechtsüberzeugung der europäischen Staaten entsprach. Nur Österreich unterstützte in der sächsischen Frage den französischen Rechtsstandpunkt[77]. Die Auffassung Metternichs, daß nur ein freiwilliger Verzicht die legitimen Rechte des sächsischen Königs zum Erlöschen bringen könne — „Sans un acte de cession libre et formel de la part du Roi, aucun souverain, aucun congrès de souverains ne peut disposer, ni de la totalité ni d'une partie de la Saxe"[78] — fand bei seinen ehemaligen Verbündeten keinen Anklang. Rußland[79], Preußen[80] und England[81] hielten in den diplomatischen Verhandlungen am Eroberungsrecht fest. Seinen Fortbestand verdankte Sachsen nicht der Anerkennung des Legitimitätsprinzipes durch die Kongreßmächte, sondern dem Widerstand Österreichs und Frankreichs gegen eine derartige ihre Sicherheit und damit das europäische Gleichgewicht bedrohende Vergrößerung Preußens[82].

---

[76] Acte final du congrès de Vienne Art. 15 in *Klüber* AdWC VI S. 3—96 (S. 25).

[77] Instruktionen für die Gesandten des Königs beim Kongreß entworfen von Talleyrand in *Talleyrand* Memoiren II S. 167—68; Note *Talleyrands* an *Metternich* v. 19. 12. 1814 in *Klüber* AdWC VII S. 48—56; Note *Talleyrands* an *Castlereagh* v. 26. 12. 1814 in *Klüber* AdWC VII S. 61—63.

[78] Undatiertes Memorandum *Metternichs* zitiert nach *Rie*, Der Wiener Kongreß S. 56; ähnlich *Metternich* (Gentz) Memoire „Sur le projet d'incorporer la Saxe a la Prusse" in *Rie* S. 61. In der offiziellen diplomatischen Korrespondenz überwiegen die politischen Argumente wie das österreichische Sicherheitsbedürfnis und die Auswirkungen auf den zu schließenden deutschen Bundesvertrag — Schreiben *Metternichs* an *Hardenberg* v. 22. 10. 1814 in *Klüber* AdWC VII S. 19—26 (S. 22); Schreiben *Metternichs* an *Hardenberg* v. 10. 12. 1814 in *Klüber* AdWC VII S. 28—36 (S. 33); Note *Metternichs* in der Sitzung der fünf Mächte Österreich, Rußland, Großbritannien, Frankreich, Preußen vom 28. 1. 1815 zu Protokoll gegeben in *Klüber* AdWC VII S. 83—89 (S. 86).

[79] S. Gespräch *Talleyrands* mit Zar *Alexander I.*, Bericht v. 4. 10. 1814 an König Ludwig XVIII., *Pallain* S. 18—19, sowie Bericht v. 25. 10. 1814 *Pallain* S. 66—67.

[80] Denkschrift für die Vereinigung des Königreiches Sachsens mit Preußen v. 20. 12. 1814 in *Klüber* AdWC VII S. 63—69, dsgl. in *Reibstein* II S. 521—22; preußische Denkschrift: Sachsens Vereinigung mit Preußen im Dezember 1814 in *Klüber* AdWC VII S. 235—71 (S. 247—49), dsgl. in *Reibstein* II S. 523—25; Note *Hardenbergs* an *Metternich* v. 2. 12. 1814 in *Klüber* AdWC VII S. 291—303.

[81] Verbalnote Lord *Castlereaghs*, betreffend die Vereinigung des Königreiches Sachsen mit Preußen v. 18. 10. 1814 in *Klüber* AdWC VII S. 10—15, dsgl. in *Rie*, Wiener Kongreß S. 57.

[82] Vgl. dazu Geheimer Defensiv-Allianz-Vertrag, geschlossen zwischen Österreich, Großbritannien und Frankreich in Wien am 3. 1. 1815 in *Klüber* AdWC IX S. 177—84; England, obwohl grundsätzlich für eine Vergrößerung Preußens durch Sachsen, trat diesem Bündnis auf Grund der ungeschickten Politik des preußischen Königs bei, der sich gegen den Rat *Hardenbergs* eng mit Rußland verband, dessen Ansprüche auf das gesamte polnische Gebiet die Engländer als unvereinbar mit dem europäischen Gleichgewicht

III. Die weitere Entwicklung des Eroberungsrechtes im 19. Jahrhundert

In den auf den Wiener Kongreß folgenden Jahren änderte sich der Charakter des Legitimitätsprinzipes. Das Annexionsverbot trat zurück hinter dem völkerrechtlichen Schutz der legitimen Dynastien gegen die Revolution. Die Wiener Verträge und die im Zeichen der Heiligen Allianz und des dynastischen Legitimitätsprinzipes stehenden Ergebnisse der Kongresse von Aachen bis Verona verbürgten zwar die Unantastbarkeit der territorialen Ordnung wie sie in Wien sanktioniert worden war, doch konnten sie die Eroberung nicht dauernd aus dem europäischen Völkerrecht verbannen. Die zwangsläufig über die Wiener Ordnung hinweggehende nationale Einigungsbewegung in Italien und Deutschland, sowie die koloniale Expansion der europäischen Staaten brachten neue Annexionen mit sich[83]. Auch in der Literatur wurde die Eroberung weiterhin als gültiger völkerrechtlicher Erwerbstitel angesehen[84].

Eine Änderung dieser Rechtslage trat erst mit der Ächtung des Krieges durch den *Briand-Kellogg-Pakt* ein[85]. Die von da ihren Ausgang nehmende moderne Entwicklung des Annexionsverbotes im Völkerrecht[86] steht jedoch in keinem Zusammenhang mehr mit dem Legitimitätsprinzip und muß deshalb hier unberücksichtigt bleiben[87].

---

erbittert bekämpften (*Webster*, Congress of Vienna S. 117—134, s. besonders S. 118, S. 124—25, 127).

[83] Als Beispiele seien hier genannt die Annexionen Toskanas, Parmas, Modenas und des Königreiches beider Sizilien 1860 sowie Roms 1870 durch Sardinien nach Volksbefragungen (demgegenüber wurden die Lombardei 1859 im Frieden von Zürich, *Strupp*, Urkunden I S. 271—74 und Venetien 1866 im Frieden von Wien, *Strupp*, Urkunden I S. 275—78 von Österreich an Italien zediert); die Annexionen von Hannover, Hessen-Kassel, Nassau und Frankfurt durch Preußen 1866; die Eroberung und Annexion des zum türkischen Reich gehörenden Algerien durch Frankreich 1830 und die Unterwerfung mit anschließender Annexion der Burenrepubliken Oranje-Freistaat und Transvaal durch Großbritannien 1902 (Bosnien und die Herzogowina wurden 1909 von der Pforte an Österreich zediert, *Strupp*, Urkunden II S. 27—29).

[84] *Bluntschli* Völkerrecht S. 171—72; *Dahm* I S. 604; *Despagnet* S. 96; *Fiore* II S. 133; *Funck-Brentano-Sorel* S. 342—43; *Hall* S. 522; *Heffter* S. 318; *Hershey* Essentials S. 277—78; *M. Huber* S. 20—21; *Liszt* S. 85; *Maurenbrecher* Grundsätze S. 247; *Oppenheim-Lauterpacht* I S. 570; *Phillimore* I S. 387; *Pölitz* S. 218; *Saalfeld* S. 221; *Schmelzing* III S. 176; *Tobler* S. 438; *Ullmann* S. 124; *Wehberg* S. 90; *Rivier* S. 460;
a.A. *Klüber* Völkerrecht II S. 411—12, 414; *Klüber* Deutscher Bund S. 355; *Oppenheim* 1845 S. 104; *Schaumann* Verhältnisse S. 47; *Schmalz* S. 267; weniger deutlich auch *Martens* Völkerrecht I 1883 S. 356, für die die Eroberung ohne den förmlichen Verzicht des früheren Inhabers der Souveränität in einem Friedensvertrag keinen ausreichenden völkerrechtlichen Erwerbstitel darstellt.

[85] *Dahm* I S. 605; *Schätzel* in AVR S. 2—4; *Wehberg* S. 90.

[86] *Dahm* I S. 604 ff.

[87] Ein eigenes Kapitel wird jedoch der in einigen Gedankengängen an *Talleyrands* Legitimitätsprinzip anknüpfenden *Stimsondoktrin* gewidmet sein.

Zweites Kapitel

Das dynastische Legitimitätsprinzip im Völkerrecht

A. Begriff

Mit der zweiten Abdankung *Napoleons* war die Gefahr für die in Wien neu errichtete europäische Ordnung gebannt, die allgemeine europäische Ermattung schloß weitere Eroberungen aus. Zugleich begann ein Aufschwung der konstitutionellen Bewegung[1]. Die Forderung nach Einführung von Repräsentativverfassungen in den monarchisch regierten Staaten wurde um so dringlicher, je offener die restaurierten Dynastien eine Politik unsinniger Reaktion verfolgten. Die Sicherheit der legitimen Fürsten wurde nicht mehr durch Eroberung und Annexion bedroht, sondern von der Revolution im Inneren des Staates[2]. Mit der Veränderung seines Gegensatzes änderte sich auch das Legitimitätsprinzip selbst[3]. Es wird zur Doktrin von der Alleinberechtigung der legitimen Throne[4] und damit zum Gegenprinzip der Volkssouveränität[5]. Doch nicht nur die Herrschaftsberechtigung der legitimen Dynastie, sondern auch die unumschränkte, von konstitutionellen Schranken freie Ausübung dieser Herrschaft wird von den Legitimisten in die neue Begriffsbestimmung des Legitimitätsprinzipes einbezogen[6]. Danach war das Legitimitätsprinzip bereits verletzt, wenn unter Beibehaltung der angestammten Dynastie Verfassungsänderungen durchgesetzt werden sollten oder wirklich durchgesetzt worden waren, welche die bisherige Regierungsform wesentlich umgestalteten und die Ausübung der monarchischen Gewalt vom Volkswillen abhängig

---

[1] Proklamation der Cortezverfassung von 1812 in Spanien durch aufrührerische Truppenteile am 1.1.1820 (*Ghillany* Chronik I S. 558, 560); Militärrevolte in Neapel im Juli desselben Jahres zu Gunsten der Einführung der spanischen Verfassung von 1812 (*Ghillany* Chronik I S. 564); Revolution in Piemont-Sardinien 1821 und Annahme der spanischen Konstitution durch den Thronfolger Prinz Carignan (*Ghillany* Chronik I S. 574).

[2] *Gentz's* Denkschrift zu den Ergebnissen des Aachener Kongresses in *Metternichs* nachgelassenen Papieren II 1 S. 166—69 (S. 168).

[3] *Brockhaus* S. 78; *Meisner* S. 117—18.

[4] *Brockhaus* S. 77.

[5] *Held* Legitimität S. 34; *v. d. Heydte* Legitimität S. 333; *Larnaude* S. 466; *Murhard* S. 7: *Rotteck* Legitimität S. 476.

[6] *Bluntschli* Völkerrecht S. 47; *Ross* S. 190.

machte⁷. Das dynastische Legitimitätsprinzip läßt sich danach definieren, als das unentziehbare Recht des einmal rechtmäßigen Herrschergeschlechtes auf die Staatsgewalt[8], deren es nur durch den freiwilligen, formellen Verzicht des legitimen Souveräns für sich und seine Erben oder das gänzliche Aussterben der Dynastie verlustig gehen kann[9]. Dieses Recht des Monarchen soll unabhängig von dem Volkswillen sein, es darf also weder aus der Volkssouveränität abgeleitet, noch durch eine dem Souverän aufgezwungene Verfassung beschränkt werden[10]. Theoretisch begründet wurde dieses Prinzip von seinen Verfechtern einmal damit, daß das Staatsgebiet im Eigentum des Landesherrn stehe und die daraus abgeleitete Souveränität als wohlerworbenes Recht der Dynastien wie alle Privatrechte unbedingten Schutz gegen jede Beeinträchtigung genieße[11], zum anderen mit dem göttlichen Ursprung des fürstlichen Geblütsrechtes[12].

---

[7] *Brockhaus* S. 80; *Kamptz* S. 38; s. auch Art. 57, 58 der Schlußakte der über die Ausbildung und Befestigung des Deutschen Bundes in Wien gehaltenen Ministerialkonferenzen v. 15. 5. 1820: „Da der Deutsche Bund, mit Ausnahme der Freien Städte aus souveränen Fürsten besteht, so muß dem hierdurch gegebenen Grundbegriff zufolge die gesamte Staatsgewalt in dem Oberhaupt des Staates vereinigt bleiben und der Souverän kann durch eine landständische Verfassung nur in der Ausübung bestimmter Rechte an die Mitwirkung der Stände gebunden werden" (*Ghillany* Chronik I S. 562).

[8] *Bieberstein* S. 41; *Brie* S. 14; *Riancey* zitiert nach *Brie* S. 14 Anm. 1; *Hirt* S. 876; *Huber* S. 531; *Kunz* in Stier - Somlo S. 143.

[9] *Heffter* S. 97; *Held* Legitimität S. 43, 44; *Huber* S. 535; *Zöpfl* I S. 563.

[10] *Brockhaus* S. 84; *Redslob* Probleme S. 230; s. auch Erläuterung des monarchischen Prinzips bei *Huber* S. 653.

[11] *Brockhaus* S. 89; *Bluntschli* Völkerrecht S. 47; *Zöpfl* I S. 559.
Bereits dem Talleyrandschen Legitimitätsprinzip lag für monarchisch regierte Staaten die privatrechtliche Auffassung von der Souveränität als Eigentum des Landesherrn zugrunde — vgl. Instruktionen für die Gesandten des Königs beim Kongreß, entworfen von Talleyrand in *Talleyrand* Memoiren II S. 167. Aus diesem Grunde ist in der Literatur das Talleyrandsche Legitimitätsprinzip oft mit dem dynastischen Legitimitätsprinzip gleichgesetzt worden (vgl. oben Anm. 5 S. 11). Die bekanntesten Vertreter dieser privatrechtlichen oder patrimonialen Theorie waren *Haller* (S. 61) und *Maurenbrecher* Fürsten S. 17 und Grundsätze S. 57.

[12] Circulardepesche *Metternichs* v. 12. 5. 1821 in *Fleischmann* S. 26—27; *Murhard* S. 327; *Stieglitz* S. 423.
Die Verbreitung der Lehre vom göttlichen Ursprung der monarchischen Gewalt ist nicht zuletzt auf das Wiedererwachen starker religiöser Gefühle nach dem Ende der napoleonischen Epoche in Europa zurückzuführen. Unter diesem Einfluß standen auch hervorragende Staatsmänner wie *Alexander I.* von Rußland (vgl. *Schwarz* S. 32—39; *Schaeder* S. 59—64). Die von ihm entworfene Stiftungsurkunde der Heiligen Allianz ist durchdrungen von christlich-theokratischen Vorstellungen. Zu den Verfechtern eines Gottesgnadentums gehörten *de Maistre* (I S. 223, 334, II S. 111); *Bonald* (S. 90, 212); *Malte Brun* (S. 3, 23, 24) und *Stahl* (2. Auflage S. 219—20). Aus diesem Kreise ragt besonders *Stahl* mit seiner Rechtsphilosophie heraus. Er unternimmt den Versuch, die dynastische Legitimität mit der modernen öffentlich-rechtlichen Auffassung von der Souveränität zu verbinden (1. Aufl. S. 81—82). Auch erkennt *Stahl* die Möglichkeit einer Heilung der Illegitimität einer Usurpa-

B. Die Interventionen der Heiligen Allianz zu Beginn des 19. Jahrhunderts

I. Geschichte

Den Auftakt zu der Epoche, in der die absoluten Monarchien Europas den Versuch unternahmen, die dynastische Legitimität zur Grundlage des öffentlichen Rechts in Europa zu machen[13], bildet die Stiftungsurkunde der Heiligen Allianz[14]. Zwar fand sich bereits in der zu Pillnitz am 27. 8. 1791 von Kaiser *Leopold II.* und *Friedrich Wilhelm II.* von Preußen erlassenen Deklaration[15] der Gedanke einer Kollektivintervention der europäischen Souveräne zugunsten der monarchischen Regierungsform in Frankreich, doch blieb das ein Einzelfall[16]. Das von Zar *Alexander I.* entworfene Manifest war ursprünglich als ein Aufruf zur Umkehr der europäischen Staaten gedacht[17]. Die alte Staatsraison sollte verworfen und an ihre Stelle eine Ordnung der Dinge gesetzt werden, „die sich einzig auf die erhabenen Wahrheiten gründet, welche uns die ewige Religion des göttlichen Heilands lehrt"[18]. Entsprechend den christlichen Geboten der Liebe und Brüderlichkeit waren die Untertanen der drei Monarchen aufgerufen, sich als Glieder einer einzigen christlichen Nation zu betrachten, und die drei Souveräne sollten sich verpflichten, zur Richtschnur ihres Verhaltens im Inneren ihrer Staaten wie untereinander allein „die Vorschriften der Gerechtigkeit, der Liebe und des Friedens" zu machen.

Allen Staaten stand der Beitritt zu dem „Heiligen Bunde" offen. *Metternich*, der diese moralische Manifestation höchst abfällig beurteilte — „ein lauttönendes Nichts"[19] — veränderte den Entwurf des Zaren dergestalt, daß die Heilige Allianz zur diplomatischen Geburtsurkunde des dynastischen Legitimitätsprinzipes wurde[20]. Der „Bußruf"

---

tion an, wenn sich diese über Generationen hinweg erhalten hat (2. Aufl. S. 220—21).

[13] *Bluntschli* Völkerrecht S. 47.
[14] *Vertrags-Ploetz* S. 261—63; das Dokument findet sich auch in *Fleischmann* S. 19—20, *Strupp* Urkunden I S. 161—62 und *Flassan* III S. 444—447.
[15] Auszugsweise in *Kamptz* S. 157 und *Berner* S. 343.
[16] Entgegen der Auffassung von *Braganca de Azevedo* S. 24 ist die von den Signatarstaaten des Ersten Pariser Friedens einschließlich Frankreichs unterzeichnete Achterklärung gegen *Napoleon* (*Martens* Nouveau Recueil II S. 110—111, 263—271) nach dessen Flucht von der Insel Elba kein Dokument des dynastischen Legitimitätsprinzipes. *Napoleon* war nach seiner Abdankung souveräner Fürst von Elba geworden und seine Landung in Frankreich stellte eine klare Agression dar mit dem Ziel, die französische Staatsgewalt zu usurpieren.
[17] Der ursprüngliche Entwurf findet sich bei *Schwarz* S. 52—54.
[18] Siehe Präambel des ursprünglichen Entwurfes in *Schwarz* S. 52.
[19] *Bourqin* S. 398.
[20] Zu den von *Metternich* vorgenommenen Änderungen s. *Schwarz* S. 56—57; *Näf* S. 34 ff.

des Zaren wurde von ihm gestrichen und an die Stelle der Vereinigung der Völker trat das Bündnis der Monarchen, die sich verpflichteten, einander „bei jeder Gelegenheit und an jedem Orte Beistand, Hilfe und Unterstützung zu gewähren"[21]. Der so veränderten Heiligen Allianz traten alle Staaten Europas mit Ausnahme des Kirchenstaates, der Türkei und Großbritanniens bei[22].

Fast gleichzeitig mit dem Abschluß der Heiligen Allianz erneuerten Österreich, Rußland, Preußen und England am 20. 11. 1815 ihr Bündnis gegen Frankreich[23]. Das Land wurde durch Art. 3 dieses Vertrages unter internationale Polizeiaufsicht gestellt, ein vom *Herzog von Wellington* befehligtes Korps besetzte Teile des französischne Territoriums auf fünf Jahre[24]. In der Überzeugung, daß die Ruhe Europas aufs engste mit der Festigung der bourbonischen Restauration verbunden sei[25], verpflichteten sich die Verbündeten außerdem in Art. 2 Maßnahmen für die Sicherheit ihrer Staaten zu ergreifen, falls „dieselben revolutionären Grundsätze, durch welche der letzte Usurpationsfrevel unterstützt worden, noch unter anderer Gestalt Frankreich in Aufruhr bringen, demnach auch die Ruhe fremder Staaten von neuem bedrohen könnten"[26]. England verwahrte sich jedoch in Aachen gegen die Auslegung, daß Art. 2 des Vierbundes eine Garantie des verfassungsrechtlichen status quo in Frankreich gegen alle legalen oder revolutionären Veränderungen sei[27]. Allein die Bedrohung der europäischen Sicherheit rechtfertigte nach britischer Auffassung ein militärisches Eingreifen, nicht jedoch der Grundsatz der Aufrechterhaltung der Legitimität. Begnügten sich die Kontinentalmächte mit Rücksicht auf England in Aachen, der ersten, der in Artikel 6 des Vierbundvertrages vorgesehenen regelmäßigen Zusammenkünfte noch mit der Wiederholung der

---

[21] Vgl. Art. 1, *Vertrags-Ploetz* S. 262.
[22] *Vertrags-Ploetz* S. 262; *Bourquin* S. 397. Der Prinzregent von England erklärte in einem persönlichen Schreiben sein Einverständnis mit den Grundsätzen der Heiligen Allianz, lehnte jedoch den formellen Beitritt als unvereinbar mit dem britischen Verfassungsrecht ab. Ohne Gegenzeichnung des verantwortlichen Ministers und Ratifikation durch das Parlament — die Heilige Allianz war ein persönlicher Vertrag zwischen den Monarchen — konnte das britische Staatsoberhaupt keine vertraglichen Verpflichtungen eingehen.
[23] *Strupp* Urkunden I S. 163—166; *Vertrags-Ploetz* S. 266—67.
[24] Art. 3 des Vertrages in Verbindung mit Art. 5 des Zweiten Pariser Friedens vom 20. 11. 1815 in *Strupp* Urkunden I S. 166—71; *Fleischmann* S. 20—22 (deutsche Übersetzung).
[25] vgl. Präambel des Vertrages.
[26] Zitiert nach deutscher Fassung in *Vertrags-Ploetz* S. 266.
[27] Memorandum on the Treaties of 1814 and 1815 submitted by the British Pleinpotentiaries at the Conference of Aix-la-Chapelle October 1818 in *Webster* Congress of Vienna Appendix VIII S. 187—93 (besonders S. 190, 191); siehe auch Lord *Castlereaghs* Confidential State Paper of May 5th 1820 in Cambridge History of British Foreign Policy vol. II Appendix A S. 622—33 (627, 631, 32) und *Webster* Castlereagh S. 53—55.

Grundsätze der Heiligen Allianz, der nun auch Frankreich beitrat[28], so zeigte doch das dem Kongreß unterbreitete russische Memorandum[29] bereits deutlich den Weg, den die Heilige Allianz dann in Troppau beschritt. Nach den russischen Vorstellungen sollte die Quadrupelallianz mit den Wiener Verträgen zu einer „alliance génerale" verschmolzen werden, der alle Staaten angehören sollten, die als Signatarmächte der Wiener Kongreßakte, des Vierbundes oder der Heiligen Allianz an der europäischen Restauration beteiligt waren[30]. Fast alle Staaten Europas bis auf wenige Ausnahmen wären Mitglieder dieses Bundes gewesen. Da nach russischer Auffassung die Wiener Schlußakte von 1815 nicht nur „la garantie solidaire de l'etat de possession territoriale statué par ces actes", sondern auch „la garantie solidaire de la souveraineté legitime ab antiquo ou reconnue par des traités en vigueur"[31] enthielt, hätte die Annahme dieses Vorschlages bedeutet, daß die Prüfung des Rechtes der Herrschaftserwerbung und der konstitutionellen Beschränkung monarchischer Gewalt Aufgabe der europäischen Staatengemeinschaft gewesen wäre. Für die Allianzmächte hätte im Falle einer revolutionären Verdrängung der legitimen Dynastie die völkerrechtliche Verpflichtung bestanden, die verdrängte legitime Herrschaft — nötigenfalls auch gewaltsam — wieder herzustellen[32]. Was in Aachen noch Programm blieb, gewann in Troppau angesichts der neapolitanischen Revolution aktuelle Bedeutung. In dem am 19. 11. 1820 unterzeichneten Protokoll[33] erklärten die drei Ostmächte, daß alle Staaten, deren innere Ordnung infolge einer Revolution eine Veränderung erfahren habe, automatisch aufhörten, Mitglieder der Allianz zu sein. Zugleich verpflichteten sich die verbündeten Souveräne zu einer Politik der Nichtanerkennung gegenüber allen gewaltsam herbeigeführten Veränderungen[34] und nahmen für sich das Recht in Anspruch, Zwangsmaßnahmen gegen Staaten zu ergreifen[35], „in welchen ein durch Aufruhr bewirkter

---

[28] Aachener Protokoll v. 15. 11. 1818 in *Fleischmann* S. 25; *Strupp* Urkunden I S. 164—65.
[29] Memoire Confidentiel du Cabinet de Russie, Aix-la-Chapelle 8. 10. 1818 in *Wellington* S. 743—51.
[30] Memoire Confidentiel du Cabinet de Russie in *Wellington* S. 747—48; eine Erläuterung des russischen Projekts findet sich in *Bourquin* S. 412—424.
[31] Memoire Confidentiel du Cabinet de Russie in *Wellington* S. 746; diese Ansicht findet sich auch bei *Kamptz* S. 38.
[32] *Gareis* S. 102; *Saumweber* S. 150.
[33] Protokoll der drei östlichen Mächte Rußland, Österreich und Preußen auf dem Kongreß zu Troppau in *Viel-Castel* S. 228—29.
[34] Protokoll der drei östlichen Mächte Rußland, Österreich und Preußen auf dem Kongreß zu Troppau in *Viel-Castel* S. 228—29; Circulardepesche der Höfe von Österreich, Rußland und Preußen an ihre Gesandten an den deutschen und nordischen Höfen wegen der neapolitanischen Angelegenheiten v. 8. Dez. 1820 in *Kamptz* S. 184—88 (S. 187); *Metternichs* nachgelassene Papiere II 1 S. 391—94.
[35] Vgl. den letzten Abschnitt des Protokolls von Troppau in *Viel-Castel* S. 229.

2. Kap.: Das dynastische Legitimitätsprinzip im Völkerrecht

Umsturz der Regierung, auch nur als Beispiel betrachtet, eine feindselige Stellung gegen alle rechtmäßigen Verfassungen und Regierungen zufolge haben müßte"[36]. Troppau markierte den Wendepunkt der europäischen Allianz[37]. Gegen den Widerstand Englands[38], für das der Grundsatz der Legitimität seit 1688, dem Jahr der endgültigen Vertreibung der Stuarts, keine Bedeutung mehr hatte[39], versuchten die drei absoluten Monarchien Österreich, Rußland und Preußen das dynastische Legitimitätsprinzip im europäischen Völkerrecht zu verankern und damit zugleich das Recht, dieses Prinzip durch militärische Interventionen aufrecht zu erhalten.

Der Reigen der Kongresse wurde in Laibach fortgesetzt, wohin man auch den König von Neapel zur Berichterstattung bestellt hatte. Österreich, Rußland und Preußen beschlossen die gewaltsame Unterdrückung der Aufstände in Neapel und Piemont[40] durch ein österreichisches Expeditionskorps. Die Grundsätze von Troppau wurden wiederholt in einer Circulardepesche *Metternichs* v. 12. 5. 1821[41] „Les Souverains alliés regardaient comme légalement nulle et désavoueé par les principes qui constituent le droit public de l'Europe, toute pretendue réforme opereé par la révolte et la force ouverte. Les changements utiles ou necessaires dans la legislation et dans l'administration des Etats ne doivent émaner que de la volonté libre, de l'impulsion refléchie et éclaireé de ceux que Dieu a rendus responsables du pouvoir."

Die auf dem Kongreß von Verona 1822[42] beschlossene französische Intervention in Spanien zur Wiederherstellung des absoluten Königtums war die letzte im Namen des dynastischen Legitimitätsprinzipes[43]. Das Eingreifen Frankreichs entsprang jedoch weniger dem Wunsch, die einzig legitime Staatsform, die absolute Monarchie, in Spanien wieder aufzurichten, als vielmehr dynastisch egoistischen Erwägungen[44].

---

[36] Circulardepesche der Höfe von Österreich, Rußland und Preußen an ihre Gesandten an den deutschen und nordischen Höfen wegen der neapolitanischen Angelegenheiten vom 8. 12. 1820 in *Kamptz* S. 184—88 (S. 186); vgl. den deutschen Auszug aus der Troppauer Circulardepesche v. 8. 12. 1820 in *Kamptz* S. 23; *Metternichs* nachgelassene Papiere II 1 S. 392—93.
[37] *Bourquin* S. 438—39; *Phillips* S. 232.
[38] Vgl. dazu Circulardepesche Lord *Castlereaghs* v. 19. 1. 1821 an die britischen Gesandten in *Kamptz* S. 189—94.
[39] *Schwarz* S. 202; s. auch James *Mackintosh* im britischen Parlament zitiert nach H. v. *Rotteck* S. 80.
[40] S. oben S. 30 Anm. 1.
[41] In *Fleischmann* S. 26—27; *Metternichs* nachgelassene Papiere II 1 S. 480—85.
[42] *Vertrags-Ploetz* S. 273—74.
[43] Protokoll, unterzeichnet von den Bevollmächtigten Österreichs, Frankreichs, Preußens und Rußlands, Verona 19. 11. 1822 in *Metternichs* nachgelassenen Papieren II 1 S. 575—76.
[44] *Chateaubriand*, Verona S. 78—79; dsgl. Schreiben *Chateaubriands* an *Canning* v. 14. 1. 1823 in *Chateaubriand* Verona S. 357—60 (S. 358): Durch

Die Nichtübereinstimmung in der griechischen Frage löste nach Verona das enge Einvernehmen zwischen Österreich und Rußland und beendete praktisch das Zeitalter der Heiligen Allianz[45]. Die absolutistischen Mächte konnten weder den Dynastiewechsel in Frankreich, noch die Trennung Belgiens von Holland verhindern, sie mußten sogar zusehen, wie dieser Bruch des dynastischen Legitimitätsprinzipes durch eine britisch-französische Intervention abgesichert wurde[46]. Zwar intervenierten die europäischen Großmächte einschließlich Englands auch in den folgenden Jahren in verschiedenen Ländern des Kontinents[47], doch geschah das nicht mehr unter Berufung auf das öffentliche Recht Europas[48].

II. Rechtliche Würdigung

Legt man dieser Untersuchung den modernen Interventionsbegriff zugrunde — diktatorische Einmischung gegen den Willen des betroffenen Staates in dessen innere oder äußere Angelegenheiten[49] — so könnte es überhaupt zweifelhaft erscheinen, ob die Interventionen zur Aufrechterhaltung des dynastischen Legitimitätsprinzipes als solche anzusehen sind, da sie entweder auf Ersuchen, zumindest aber mit Zustimmung der betroffenen Souveräne erfolgten[50]. Doch kann von einem

---

einen Sieg über Spanien sollte die Armee mit der Bourbonenrestauration ausgesöhnt werden.

[45] *Schwarz* S. 345 ff.

[46] *Ghillany* Chronik II S. 9.

[47] 1826: Britische Intervention in Portugal auf Ersuchen der Regentin Isabella, *Ghillany* Chronik I S. 610—11.
1827: Britisch-französische Intervention in Griechenland, *Ghillany* Chronik I S. 612—14. 1831—32: Österreichische und französische Intervention im Kirchenstaat, *Ghillany* Chronik II S. 3, 5, 15—16.

[48] Eine Parallele haben die Interventionen der Heiligen Allianz in der nach Abschluß der vorliegenden Arbeit erfolgten Intervention der fünf Staaten des Warschauer Paktes im Rahmen der „gegenseitigen proletarisch-sozialistischen Hilfe" in der CSSR. Die dafür gegebene Begründung, daß in der CSSR eine Situation entstanden war, „in welcher die Bedrohung der Grundlagen des Sozialismus in der Tschechoslowakei die gemeinsamen Lebensinteressen der übrigen sozialistischen Länder gefährdete" (Warschauer Brief der fünf kommunistischen Parteien v. 15. 7. 1968, zitiert nach Die Zeit v. 6. 9. 1968), ist in ähnlichen Wendungen bereits in der Troppauer Circulardepesche enthalten (vgl. Zitat der Circulardepesche v. 8. 12. 1820 oben S. 39).

[49] *Dahm* I S. 202; *Geffcken* S. 131; *Haedrich* S. 145; *Hettlage* S. 7; *Liszt* S. 61; *Kelsen*, Law S. 770; *Menzel* S. 213; *Oppenheim - Lauterpacht* I S. 305; *Stowell* in RC S. 91; *Verdroß* S. 228; *Winfield*, History S. 140; *Wright*, Discussion S. 106.

[50] Proklamation *Ferdinand IV.* von Neapel am 23. 2. 1821 von Laibach aus in *Ghillany* Chronik I S. 572, wenngleich der König nach Ausbruch der Revolution die Regierung in die Hände des Konprinzen gelegt hatte (*Ghillany* Chronik I S. 564); Erklärung *Karl Felix'* von Sardinien am 16. 3. 1821 in Modena (*Ghillany* Chronik I S. 574); zur Haltung *Ferdinand VII.* von Spanien siehe *Ghillany* Chronik I S. 588—89, 599; vgl. auch *Strisower* S. 584.

festumrissenen Interventionsbegriff im klassischen Völkerrecht nicht die Rede sein, so wenig, wie sich eine klare Rechtsüberzeugung hinsichtlich der Rechtmäßigkeit derartiger Eingriffe zu Beginn des 19. Jahrhunderts herausgebildet hatte.

In ihrer überwiegenden Mehrheit ging die Literatur davon aus, daß jeder souveräne Staat das Recht habe, sich eine ihm genehme Verfassung zu geben, ohne daß dritte Staaten ein Einmischungsrecht beanspruchen könnten[51]. Die Konstitutionsfreiheit ist eine Ausprägung des Rechtsprinzipes der staatlichen Selbstbestimmung, das damals wie heute zu den Grundrechten der Staaten gehörte[52].

Das Bild verwirrt sich jedoch sofort, wenn es gilt, die Ausnahmen von dem allgemeinen Interventionsverbot zu bestimmen. So wurde das Hilfeersuchen einer rechtmäßigen Regierung verschiedentlich als Rechtfertigungsgrund anerkannt[53], aber auch mit der Begründung verworfen, daß eine Regierung, die sich nicht ohne fremde Unterstützung behaupten könne, nicht mehr den Staat repräsentiere[54]. Die gleiche zwiespältige Beurteilung erfuhr in der Literatur das von den Mächten der Heiligen Allianz in Anspruch genommene Selbstschutzrecht[55]. Hier genügte dem literarischen Wortführer der Heiligen Allianz *v. Kamptz* die bloße Tatsache der Annahme einer revolutionären, mit den traditionellen monarchischen Institutionen in Widerspruch stehenden Verfassung als Interventionsgrund[56], wohingegen die Mehrzahl der Autoren darüber

---

[51] *Bluntschli* Völkerrecht S. 265; *Günther* I S. 286; *Heffter* S. 91; *Kamptz* S. 1; *Klüber* Völkerrecht I S. 93—94; *Martens* Précis du Droit S. 138—39; *Oppenheim* 1845 S. 199; *Phillimore* I S. 218; *Pölitz* S. 107; *Pradier-Fodéré* S. 477—78, 516; *C. v. Rotteck* S. 426; *H. Rotteck* S. 16; *Saalfeld* S. 62; *Schmalz* S. 142; *Schmelzing* I S. 132; *Vattel* § 54, Buch II, Kap. IV (S. 209).

[52] *Berber* I S. 180—183.

[53] *Bluntschli* Völkerrecht S. 267; *Günther* I S. 288, jedoch nur, wenn das Ersuchen von beiden streitenden Parteien ausgeht, es sei denn, das Volk hat seinem Monarchen den Gehorsam aufgekündigt, „so sind die Bande, welche beide verknüpften, zerrissen; sie hören auf, einen Staat auszumachen und jeder Theil fällt in die natürliche Freiheit zurück". *Günther* II S. 287; *Heffter* S. 91; *Heiberg* S. 5; *H. Rotteck* S. 17; *Saalfeld* S. 62; *Schmelzing* I S. 133.

[54] *Fiore* I S. 512; *Funck-Brentano-Sorel* S. 219—20; *Wiesse* S. 86; wenngleich mit anderer Begründung auch *C. v. Rotteck* S. 428 — in neuerer Zeit *Wehberg* Guerre civile S. 57; *Hyde* I S. 253—54; *Stowell* Intervention S. 344.

[55] S. Art. 2 des Vierbundes v. 20. 11. 1815 in *Strupp* Urkunden I S. 163—66; *Vertrags-Ploetz* S. 266—67; Circulardepesche der Höfe von Österreich, Rußland und Preußen an ihre Gesandten an den deutschen und nordischen Höfen wegen der neapolitanischen Angelegenheiten v. 8. 12. 1820 in *Kamptz* S. 184—88 (S. 186); vgl. den deutschen Auszug aus der Troppauer Circulardepesche v. 8. 12. 1820 in *Kamptz* S. 23; *Metternichs* nachgelassene Papiere II 1 S. 392—93.

[56] *Kamptz* S. 11, 15, 19, 31; dsgl. *Malte-Brun* S. 239—40; *Schmelzing* I S. 132—33; im Ergebnis auch *Heiberg* S. 15 und *Phillimore* I S. 560: „No state has a right to establish a form of government which is built upon professed principles of hostility to the government of other nations."

B. Interventionen der Heiligen Allianz zu Beginn des 19. Jahrhunderts 37

hinaus eine drohende Propaganda oder den Versuch der gewaltsamen Ausbreitung der Revolution forderten[57].

Ebenso umstritten war die Frage, ob sich Österreich bei seinem Vorgehen in Neapel auf Art. 12 des Geheimvertrages zwischen Österreich und Neapel vom 12. 6. 1815[58] stützen konnte, in dem sich *Ferdinand IV.* verpflichtet hatte, keine Repräsentativverfassung in seinen Ländern einzuführen. Dazu wurde in der Literatur sowohl die Auffassung vertreten, daß ein solcher Garantievertrag gültig und also eine Intervention auf Grund desselben zulässig sei[59], als auch die gegenteilige Ansicht, daß der Herrscher nicht berechtigt sei, einen Teil der Souveränität ohne Zustimmung des Volkes zu veräußern[60].

Die große Zahl militärischer Interventionen und diplomatischer Pressionen unter Androhung von Gewalt, mit denen die europäischen Staaten im 17. und 18. Jahrhundert unter Mißachtung des staatlichen Selbstbestimmungsrechtes wechselseitig in ihre Verfassungsangelegenheiten eingriffen[61], läßt den Ausgangspunkt eines grundsätzlichen In-

---

[57] *Despagnet* S. 188; *Fiore* I S. 511; *Geffcken* S. 137; *Hall* S. 261; *Pölitz* S. 108; *Rivier* S. 245; *C. v. Rotteck* S. 426—27; *H. Rotteck* S. 22—23; *Saalfeld* S. 62; *Wiesse* S. 87.

[58] *Bignon* Troppau S. 100—101; für Neapel bestand damit unabhängig von den europäischen Kollektivverträgen des Jahres 1815 eine vertragliche Bindung an das Legitimitätsprinzip.

[59] *Günther* II S. 379; *Heffter* S. 91; *Heffter - Geffcken* S. 111; *Klüber* Völkerrecht I S. 93—94; *Oppenheim* 1845 S. 199; *Schmalz* S. 146; *Schmelzing* I S. 133; *Rivier* S. 244.

[60] *Bignon* Troppau S. 101 ff. (S. 106, 115); *Fiore* I S. 514; *Geffcken* S. 135; *Pradier - Fodéré* I S. 526—527; *H. Rotteck* S. 26; *Wiesse* S. 84.

[61] S. dazu *Kamptz* S. 83 ff.; die hervorragendsten Beispiele sind das Bündnis *Heinrichs II. von Frankreich* mit Kurfürst *Moritz von Sachsen* gegen *Kaiser Karl V.* am 5. 10. 1551 zur Aufrechterhaltung der deutschen Reichsverfassung (*Kamptz* S. 85—87); die schwedische und französische Teilnahme an den Reichsangelegenheiten auf Grund der in Art. XVII §§ 5 und 6 des Osnabrücker Friedensinstrumentes (Westfälischer Frieden v. 24. 10. 1648 *Ghillany* Chronik I S. 148—164 [S. 159]) enthaltenen Garantie der Reichsverfassung (*Kamptz* S. 100—103); die Einmischung *Ludwig XIV.* in die Wahl des Kurfürsten von Köln, die 1689 zum Krieg mit dem Reich führte (*Ghillany* Chronik I S. 193, *Kamptz* S. 109). 1733 vertrieben russische Truppen mit Unterstützung Österreichs und Preußens den vom Reichstag gewählten König *Stanislaus Leszczynski* und erzwangen die Wahl *August III. von Sachsen* zum polnischen König (*Ghillany* Chronik I S. 248; *Kamptz* S. 122). Der Vorgang wiederholte sich 1764, als *Katharina II.* die Wahl *Stanislaus Poniatowskys* zum polnischen König mit Hilfe russischer Truppen durchsetzte (*Kamptz* S. 129—30, *Ghillany* Chronik I S. 308, 309). 1766—67 erzwangen Rußland, Preußen, England und Dänemark die Gleichstellung der polnischen Dissidenten gegen den Widerstand des polnischen Reichstages (*Kamptz* S. 130—37, *Ghillany* Chronik I S. 311). Die schrittweise Zerstörung des polnischen Staates in den drei Teilungen von 1772 (*Vertrags-Ploetz* S. 183—85), 1793 (*Vertrags-Ploetz* S. 206—07) und 1795 (*Vertrags-Ploetz* S. 210—11), sowie die bewaffnete Intervention Preußens in den holländischen Generalstaaten 1787 zugunsten des Erbstatthalters (*Ghillany* Chronik I S. 348, *Kamptz* S. 144—49) sind weitere Beispiele der verderblichen Praxis der europäischen Großmächte.

terventionsverbotes in der Literatur höchst zweifelhaft erscheinen. Man wird vielmehr, und die Äußerungen zeitgenössischer Staatsmänner bestätigen diese Auffassung[62], von der grundsätzlichen Interventionsfreiheit noch bis zur Mitte des vorigen Jahrhunderts ausgehen müssen[63]. Erst die Politik der Heiligen Allianz löste eine Gegenbewegung aus, die ihren Ausdruck vor allem in den mit den Namen *Castlereagh*[64], *Canning*[65] und *Monroe*[66] verknüpften Stellungnahmen der beiden angelsächsischen Mächte fand, und die dazu beitrug, daß gegen Ende des vorigen Jahrhunderts die Intervention im europäischen Völkerrecht zu einer nur bei Vorliegen festumrissener Voraussetzungen zulässigen Ausnahme von der Regel der Nichtintervention geworden war[67]. Zu diesen Ausnahmen gehörte nicht die Aufrechterhaltung einer bestimmten Verfassungs- und Regierungsform oder die Bekämpfung der Revolution als Beispiel für die Beseitigung eigener gesellschaftlicher Gebrechen[68].

---

[62] Edmund *Burke* im britischen Unterhaus 1791 zitiert nach *Reibstein* II S. 645; *Chateaubriand* Verona S. 255; Aufzeichnung *Palmerstons* v. 25. 3. 1847 nach *Reibstein* II S. 660.

[63] *Heiberg* S. 7; *Liszt* S. 61; *Martens* Völkerrecht I 1883 S. 300; *Potter* in RC S. 630; C. v. *Rotteck* S. 430; H. *Rotteck* S. 92; *Winfield* History S. 140; zu diesem Ergebnis kommt praktisch auch *Moser*, wenn er, ausgehend vom Grundsatz der Nichtintervention (Versuch VI. Theil S. 318) den Staaten schon bei Vorliegen eines besonderen Interesses ein Interventionsrecht zubilligt (S. 318—20).

[64] Circuladepesche Lord *Castlereaghs* v. 19. 1. 1821 an die britische Gesandten in *Kamptz* S. 189—94, worin der Standpunkt der britischen Regierung bekräftigt wird, daß nur die strengste Notwendigkeit bei unmittelbarer Gefährdung der eigenen Sicherheit eine Einmischung in die inneren Angelegenheiten anderer Staaten rechtfertige; so auch Lord *Castlereaghs* Confidential State Paper of May 5th 1820 in Cambridge History of British Foreign Policy vol. II Appendix A S. 622—33.

[65] Depesche *Cannings* v. 28. 1. 1823 in *Strupp* Urkunden I S. 166 Anm. 1, Vertrags-Ploetz S. 272; Depesche *Cannings* an den britischen Botschafter in Paris v. 31. 3. 1823 bei Gelegenheit der französischen Intervention in Spanien; „aussi longtemps que les troubles de l'Espagne se limiteront au cercle de son propre territoire, le gouvernement britannique ne pourra admettre qu'ils constituent une excuse a l'intervention étrangère" (zitiert nach *Westlake* S. 335).

[66] Botschaft des Präsidenten *Monroe* v. 2. 12. 1823 in *Fleischmann* S. 27—29. Die *Monroedoktrin*, die die Antwort der Vereinigten Staaten auf den Versuch Spaniens darstellte, mit Hilfe der Heiligen Allianz seine südamerikanischen Kolonien zurückzugewinnen, erklärte jeden europäischen Kolonisierungsversuch auf dem amerikanischen Kontinent wie jede Einmischung in inneramerikanischen Angelegenheiten zu einem unfreundlichen Akt gegenüber den Vereinigten Staaten. Über die Weiterentwicklung der Monroedoktrin s. *Strupp*, Monroedoktrin S. 63—67; *Kruse* S. 548—50.

[67] *Bluntschli* Völkerrecht S. 267; *Liszt* S. 61; *Martens* Völkerrecht I 1883 S. 300; *Mosler* S. 30.

[68] *Bonfils - Fauchille* S. 162; *Despagnet* S. 188; *Geffcken* S. 137; *Grewe* S. 128; *Hall* S. 261; *Hettlage* S. 45; *Mosler* S. 51; *Rivier* S. 245; *Stowell* Intervention S. 344; *Strisower* S. 587; *Ullmann* S. 462; *Westlake* Collected papers S. 126; *Lingelbach* S. 10.

So hat es die Heilige Allianz nicht vermocht, ein Interventionsrecht zugunsten der bedrohten dynastischen Legitimität im europäischen Völkerrecht zu verankern; ihre Politik trug im Gegenteil dazu bei, dem Grundsatz der Nichtintervention zum Durchbruch zu verhelfen.

C. Die dynastische Legitimität als Voraussetzung für die Anerkennung von Staaten und Regierungen im Völkerrecht

I. Die europäische Staatenpraxis

1. Vor 1815

Von wenigen Ausnahmen abgesehen, haben die europäischen Mächte die Anerkennung eines Neustaates oder einer Regierung revolutionären Ursprunges nicht von dem formellen Verzicht des legitimen Souveräns abhängig gemacht.

Beispiele dafür finden sich in der europäischen Staatengeschichte schon sehr früh. So wurden die niederländischen Provinzen, die sich 1581 von Spanien losgesagt hatten[69], 1596 von England und Frankreich formell anerkannt[70], während Spanien sich dazu erst im Frieden von Münster 1648 bereit fand[71]. Die im Jahre 1640 vollzogene Sezession Portugals von Spanien und die Thronbesteigung des Hauses *Braganza*[72], fand bereits ein Jahr später die Anerkennung Frankreichs, Englands, Schwedens und der Vereinigten Niederlande[73], lange bevor Spanien die Unabhängigkeit Portugals im Frieden von Lissabon 1668 akzeptierte[74]. Ein weiteres Beispiel findet sich bei *Vattel*. Als im Jahre 1600 die Schweden anstelle des polnischen Königs *Sigismund III.* seinen Onkel *Karl von Södermanland* zum König ausriefen[75], zögerte Frankreich nicht, mit *Karl IX.* zu verhandeln[76], dessen Thronrechte erst 1660 im Frieden von Oliva von Polen anerkannt wurden[77]. Diese Praxis erfuhr auch durch die englische Revolution keine Änderung. Die europäischen Mächte fanden sich mit dem Sturz und der Hinrichtung *Karl I.* ab und

---

[69] *Ghillany* Chronik I S. 96—97.
[70] Bündnis *Heinrich IV.* von Frankreich und der Königin *Elisabeth v. England* mit den Niederlanden, *Ghillany* Chronik I S. 104—05; s. auch *Ghillany* Chronik I S. 111.
[71] Friede zu Münster zwischen Spanien und Holland v. 20. 1. 1648 in *Ghillany* Chronik I S. 144.
[72] *Ghillany* Chronik I S. 138.
[73] *Kamptz* S. 105.
[74] *Ghillany* Chronik I S. 179.
[75] *Ghillany* Chronik I S. 107.
[76] *Vattel* Buch IV, Kap. V § 68 (S. 555).
[77] *Ghillany* Chronik I S. 173; *Vertrags-Ploetz* S. 92, 93.

2. Kap.: Das dynastische Legitimitätsprinzip im Völkerrecht

erkannten die englische Republik unter *Cromwell* an[78], nach der abermaligen Vertreibung der Stuarts im Jahre 1688 auch die Thronbesteigung *Wilhelms III. von Oranien*[79]. Weder im Verlauf dieser Ereignisse, noch in der Folgezeit entsagten die Stuarts der ihnen gewaltsam geraubten Krone. Sie unternahmen im Gegenteil zahlreiche Versuche, sich wieder in Besitz derselben zu setzen[80]. Eine zeitlang wurden sie dabei von *Ludwig XIV.* unterstützt, der, nachdem er im Frieden von Ryswijk bereits *Wilhelm III.* als König von England anerkannt hatte[81], diese Anerkennung 1701 zurückzog und den im französischen Exil lebenden Stuart-Prätendenten, den Sohn *Jacob II.*, als *Jacob III.*, rechtmäßigen König von England anerkannte[82]. Doch kehrte Frankreich im Frieden von Utrecht zu seiner ursprünglichen Haltung zurück, indem es die Erbfolge des Hauses Braunschweig-Hannover auf den englischen Thron anerkannte und sich verpflichtete, dem Stuart-Prätendenten fortan keine Hilfe mehr zu gewähren[83].

Im Jahre 1778 wurden die amerikanischen Kolonien von Frankreich anerkannt[84]. In Erwiderung britischer Vorstellungen[85] rechtfertigte die französische Regierung ihr Vorgehen damit, daß das Völkerrecht dem anerkennenden Staat nicht die Pflicht auferlege, die Rechtmäßigkeit der Staatsbildung zu überprüfen[86].

Während die militärischen Siege Bonapartes auf dem Kontinent Preußen und das Reich schon bald zwangen, die französische Republik[87]

---

[78] *Reibstein* II S. 508—09; s. Motive der Anerkennung durch Frankreich im Brief *Mazarins* an die Regentin *Anna von Österreich* in *Reibstein* II S. 509, *Vattel* Buch IV, Kap. V § 68 (S. 555), *Fischer Williams* in RC S. 214; s. in diesem Zusammenhang auch Allianz- und Handelsvertrag zwischen *Cromwell* und *Johann IV. von Portugal* in *Ghillany* Chronik I S. 169.
[79] S. Allianzvertrag zwischen dem Reich, England, Holland, Spanien, Savoyen, Bayern und Sachsen gegen *Ludwig XIV.* in *Ghillany* Chronik I S. 194.
[80] Vgl. dazu *Ghillany* Chronik I S. 194, 195, 196, 208, 212, 229, 276—77.
[81] Art. 13 des Friedens von Ryswijk v. 20. 9. 1697 zwischen Frankreich und Großbritannien in *Vertrags-Ploetz* S. 112; s. auch *Reibstein* II S. 510.
[82] *Ghillany* Chronik I S. 207.
[83] Art. 4 des Friedens zu Utrecht v. 11. 4. 1713 zwischen Frankreich und England in *Ghillany* Chronik I S. 219—222 (220); s. zur englischen Thronfolge auch *Moser* Versuch Teil I S. 86 ff.
[84] *Martens* Nouvelles causes S. 395 ff.
[85] Memoire justicatif publieé par la cour de Londres en réponse a l'exposé des motifs de la conduite de la France in *Martens* Nouvelles causes S. 436 ff. (S. 455).
[86] Observations de la cour de Versailles sur le memoire justicatif de la cour de Londres in *Martens* Nouvelles causes S. 462 (S. 481, 483, 484, 489).
[87] Friede zu Basel zwischen der französischen Republik und Friedrich Wilhelm II. von Preußen am 5. 4. 1795 in *Ghillany* Chronik I S. 392—94, *Vertrags-Ploetz* S. 211—12; Friede zu Campo-Formio zwischen der französischen Republik und Österreich v. 17. 10. 1797 in *Ghillany* Chronik I S. 405—409, *Vertrags-Ploetz* S. 215—18.
Die formelle Anerkennung der französischen Republik durch Österreich wies *Napoleon* mit den berühmten Worten zurück: „La Republique francaise

und die napoleonischen Staatsschöpfungen außerhalb der französischen Grenzen anzuerkennen[88], brach England nach der Hinrichtung *Ludwig XVI.* die diplomatischen Beziehungen zu Frankreich ab[89] und verweigerte der Republik die Anerkennung bis zum Frieden von Amiens im Jahre 1802[90]. Daß England zu keiner Zeit das napoleonische Kaiserreich anerkannte, hatte nach *Canning* seinen Grund weniger in der legitimistischen Haltung Englands, als vielmehr in den unannehmbaren französischen Friedensbedingungen[91].

2. Nach 1815

Diese auf die Effektivität der ausgeübten Herrschaft abstellende Praxis vermochte auch die Politik der Heiligen Allianz nicht entscheidend zu verändern. Zwar versuchten die drei östlichen Mächte Österreich, Rußland und Preußen nach dem Sturz *Napoleons* auf den Kongressen von Troppau[92] und Laibach[93] den Grundsatz der Nichtanerkennung aller revolutionären Veränderungen in das europäische Völkerrecht einzuführen, mit dem Ziel, einer neuen Regierung die Anerkennung auch dann zu verweigern, wenn die absolute Gewalt des Monarchen wie in Spanien und Neapel durch eine Verfassung beschränkt worden war, ohne daß ein Wechsel des Staatsoberhauptes oder gar der Staats-

---

n'a pas besoin d'une reconnaissance, toute comme le soleil n'a pas besoin d'etre reconnu" (nach *Las Cases* S. 862—87). Im Jahre 1795 erkannte auch Schweden die französische Republik an (*Ghillany* Chronik I S. 387).

[88] Anerkennung des Herzogtums Warschau durch Rußland in Art. 5 des Friedensvertrages von Tilsit zwischen Frankreich und Rußland v. 7. 7. 1807 (*Ghillany* Chronik I S. 458—59); in dem gleichen Friedensvertrag erkannte Rußland Napoleons Brüder *Joseph* und *Louis* als Könige von Neapel und Holland (Art. 14) sowie den Rheinbund (Art. 15) und das Königreich Westfalen (Art. 18—20) an. Der Friedensvertrag von Tilsit zwischen Frankreich und Preußen v. 9. 7. 1807 (*Ghillany* Chronik I S. 459—61) enthielt entsprechende Artikel: Warschau (Art. 15), Neapel und Holland (Art. 3), der Rheinbund (Art. 4), Westfalen (Art. 6). In dem zwei Jahre zuvor geschlossenen Frieden von Preßburg zwischen Frankreich und Österreich v. 26. 12. 1805 (*Ghillany* Chronik I S. 446—48) hatte dieses sowohl das von Napoleon geschaffene Königreich Italien (Art. 5) als auch die batavische und die helvetische Republik (Art. 18) anerkannt; im Frieden von Wien v. 14. 10. 1809 (*Ghillany* Chronik I S. 477—79) anerkannte Österreich im voraus alle Veränderungen, welche in Spanien, Portugal oder Italien getroffen werden könnten (Art. 15).

[89] Schreiben Lord *Grenvilles* an den französischen Gesandten *Chauvelin* v. 31. 12. 1792 in *Smith* S. 88; Schreiben Lord *Grenvilles* an *Chauvelin* v. 24. 1. 1793 in *Smith* S. 96.

[90] Frieden zu Amiens zwischen England und der französischen Republik v. 27. 3. 1802 in *Ghillany* Chronik I S. 432—35, *Vertrags-Ploetz* S. 220—21.

[91] Antwort *Cannings* auf Vorstellungen des spanischen Außenministers an den spanischen Gesandten in London v. 25. 3. 1825 in *Smith* S. 162—70 (167, 168), auszugsweise auch in *Hershey* Notes S. 505.

[92] Vgl. oben S. 33 Anm. 34.

[93] Vgl. Auszug aus der Circulardepesche *Metternichs* v. 12. 5. 1821 oben S. 34.

form stattgefunden hatte[94]; eine völkerrechtliche Praxis konnte sich dazu jedoch nicht entwickeln, da sich die in der Beibehaltung des alten Souveräns liegende Besonderheit der neapolitanischen und spanischen Ereignisse nicht wiederholte.

Das dynastische Legitimitätsprinzip bestimmte auch die Haltung der Mächte der Heiligen Allianz zur Anerkennung Spanisch-Amerikas. Hier hatte sich unter dem Eindruck der nordamerikanischen Unabhängigkeit eine revolutionäre Bewegung gebildet, die, anfangs gegen die Usurpation des spanischen Thrones durch *Joseph Bonaparte* gerichtet, schließlich die Loslösung von der spanischen Krone erstrebte. Nach wechselvollen Kämpfen zwischen Royalisten und Republikanern gewannen letztere zu Beginn der zwanziger Jahre allmählich die Oberhand und vernichteten im Jahre 1823 die letzte spanische Armee[95].

Rußland[96] und Preußen[97] verwarfen die Anerkennung der aus diesen Kämpfen hervorgegangenen republikanischen Staatswesen rundheraus, ebenso Frankreich, dessen Stellungnahme allerdings die Möglichkeit einer späteren Verjährung der legitimen Rechte des spanischen Königs offen ließ[98]. Erst nach der Thronbesteigung *Louis Philippes* im Jahre 1830 erkannte Frankreich die Unabhängigkeit der lateinamerikanischen Staaten formell an[99]. Österreichs Haltung unterschied sich davon insofern, als es zusammen mit England zeitweilig den Versuch unternahm, durch die Einführung des in der europäischen Staatenpraxis bis dahin unbekannten Begriffes der de facto Anerkennung am Legitimitätsprinzip festzuhalten, ohne doch die im Widerspruch zu diesem Prinzip entstandenen Staaten völlig zu negieren. Österreich lehnte zwar die de jure Anerkennung der spanischen Kolonien vor einem formellen Verzicht Spaniens auf diese Gebiete ab, schloß jedoch in seiner auf dem Kongreß von Verona zu diesem Problem veröffentlichten Stellungnahme eine de facto Anerkennung nicht von vornherein aus[100]. Erst,

---

[94] *Bignon* S. 41, 42.
[95] S. zum Ganzen *Masur*, Simon Bolivar.
[96] Réponse du Cabinet de Russie au Memoire confidentiel communiqué par Son Exellence Monsieur de Duc de *Wellington*, dans la Conference du 24. Nov. 1822 in *Webster* Independence II S. 82—83. Die russische Haltung blieb auch nach der Anerkennung Kolumbiens durch England im Jahre 1825 unverändert: Substance of Communication from Count *Lieven* to *Canning* 2. 3. 1825 in *Webster* Independence II S. 171—72.
[97] *Webster* Independence II S. 173, *Temperley* S. 152.
[98] Erklärung *Chateaubriands* auf dem Kongreß von Verona am 26. 11. 1822, abgedruckt in *Robertson* S. 243; Instruktionen des französischen Außenministers *Damas* für den Botschafter in St. Petersburg *La Ferronnays* vom Dezember 1824, abgedruckt bei *Robertson* S. 352—53; der gleiche an den französischen Botschafter in London Fürst *Polignac* am 14. 1. 1825 in *Robertson* S. 358.
[99] S. dazu *Robertson* S. 523 ff.
[100] Declaration du Cabinet Autrichien en Réponse a celle du Cabinet Britannique v. 24. 11. 1822 in *Webster* Independence II S. 80; dsgl. in *Lauterpacht* Recognition S. 26—27 Anm. I.

C. Die dynastische Legitimität 43

nachdem in Spanien infolge der französischen Intervention das absolute Königtum wiederhergestellt worden war, schloß sich Österreich der unnachgiebigen Haltung Rußlands und Preußens in der Anerkennungsfrage an[101].

Die de facto Anerkennung der spanischen Kolonien war nach englischer Ansicht durch Großbritannien bereits mit der Zulassung der Flaggen der südamerikanischen Staaten in den britischen Häfen erfolgt. Darüber hinaus erwog England zur Zeit des Kongresses von Verona die Aufnahme diplomatischer Beziehungen. Nach Meinung *Castlereaghs*, des verantwortlichen Leiters der britischen Politik, mußte davon die de jure Anerkennung unterschieden werden. Letztere durfte, da sie die Beurteilung des Rechtstitels des anzuerkennenden Staates einschloß, erst gewährt werden, wenn die Auseinandersetzung zwischen dem Mutterland und den die Unabhängigkeit erstrebenden Kolonien beendet und die Streitfrage beigelegt war[102]. Die Intransigenz Spaniens in der Anerkennungsfrage ließ England diesen am dynastischen Legitimitätsprinzip orientierten Standpunkt unter Castlereaghs Nachfolger *Canning* revidieren[103] und Kolumbien bereits 1825 die volle Anerkennung gewähren[104]. Die Anerkennung Mexikos erfolgte 1826[105]. Spanien tat diesen Schritt gegenüber Mexiko erst im Jahre 1836[106].

Mit der Anerkennung des aus der Julirevolution von 1830 hervorgegangenen Königtum *Louis Philippes*[107] und der belgischen Unabhängigkeit[108], sowie später des zweiten französischen Kaiserreiches[109] und

---

[101] Substance of Communication from Prince *Esterhazy* v. 3. 3. 1825 in *Webster* Independence II S. 172.

[102] Instruktionen *Castlereaghs* für den Kongreß von Verona v. 8. 8. 1822 in *Smith* S. 125—26; *Reibstein* II S. 526—27.

[103] *Canning* an den britischen Gesandten in Madrid am 30. 11. 1822 in *Smith* S. 131—32; *Canning* an den britischen Gesandten in Lissabon Sir Charles *Stuart* am 14. 3. 1825 in *Webster* Independence I S. 262—72; Memorandum des französischen Botschafters in London Fürst *Polignac* über eine Konferenz mit *Canning* v. 3. 10.—9. 10. 1823 in *Temperley* S. 114—18.

[104] *Smith* S. 152.

[105] *Smith* S. 152.

[106] *Lauterpacht* Recognition S. 10.

[107] Anerkennung durch Großbritannien in *Smith* S. 101—06; Österreich, Rußland und Preußen folgten diesem Beispiel s. dazu *Jäger* S. 418.

[108] *Ghillany* Chronik II S. 3; Londoner Protokoll v. 26. 7. 1831: Belgien wird einen unabhängigen und für immer neutralen Staat bilden (*Vertrags-Ploetz* S. 280). Anerkennung *Leopolds von Sachsen Koburg* als König der Belgier durch die in London versammelten Mächte Frankreich, England, Preußen, Österreich und Rußland am 14. 10. 1831 in *Ghillany* Chronik II S. 14—15.

[109] Obwohl die Familie *Bonaparte* vertraglich von der höchsten Gewalt in Frankreich ausgeschlossen war — Thronverzicht *Napoleons* v. 11. 4. 1814 in *Vertrags-Ploetz* S. 251—52 und Art. 2 des Vierbundvertrages zwischen Österreich, Rußland, Preußen und Großbritannien v. 20. 11. 1815 in *Strupp* Urkunden I S. 163—66 *Vertrags-Ploetz* S. 266—67 — wurde *Napoleon III.* von allen europäischen Staaten anerkannt. (*Ghillany* Chronik II S. 377). Zur britischen Haltung s. Lord *Malmesbury* am 6. 12. 1852 im House of Lords in *Smith* S. 114.

des Königreiches Italien[110], dessen revolutionärer, auf der Vertreibung der legitimen Dynastien in Toskana, Parma, Modena und Sizilien beruhender Charakter bei dieser Gelegenheit von Frankreich und Preußen ausdrücklich mißbilligt wurde[111], gaben Österreich, Rußland und Preußen den Versuch bereits wieder auf, das dynastische Legitimitätsprinzip im europäischen Völkerrecht zu verankern. Zu Recht stellte *Bismarck* in einem Brief an *Ludwig v. Gerlach*[112] die Frage: „Wieviele Existenzen gibt es denn noch in der Welt, die nicht in revolutionärem Boden wurzeln?" Und er kam zu dem Schluß, daß die meisten regierenden Häuser revolutionären Ursprunges seien. In keinem Falle hatten die vertriebenen Souveräne vorher auf ihre Rechte verzichtet. Das galt sowohl für die französischen und neapolitanischen Bourbonen wie für die italienischen Zweige des Hauses Habsburg. Das dynastische Legitimitätsprinzip war als Rechtsprinzip obsolet geworden, lange bevor der Zusammenbruch der alten Dynastien infolge des ersten Weltkrieges auch seine politischen Grundlagen vernichtete. So waren es auch nicht legitimistische Grundsätze, sondern der Abscheu vor dem Verbrechen des Königsmordes, der England veranlaßte, nach der Ermordung König *Alexanders von Serbien* im Jahre 1903 dessen Nachfolger *Peter I.* die diplomatische Anerkennung vorzuenthalten[113].

II. Die amerikanische Staatenpraxis

Die Vereinigten Staaten, die ihre Unabhängigkeit selbst einer Revolution verdanken, hatten naturgemäß keine Sympathien für das dynastische Legitimitätsprinzip der Heiligen Allianz. Im Jahre 1792, nach dem Sturz der Monarchie in Frankreich, hatte *Jefferson* für den amerikanischen Gesandten in Paris, *Morris*, die Grundsätze einer amerikanischen Anerkennungspolitik formuliert: „It accords with our principles to acknowledge any Government to be rightful which is formed by the will of the nation, substantially declared...With such a Government every kind of business may be done[114]." Es kann hier dahingestellt blei-

---

[110] *Ghillany* Chronik II S. 558; Österreich versagte dem Königreich Italien die de jure Anerkennung bis zum Jahre 1866 (*Ghillany* Chronik II S. 556).
[111] Vgl. dazu Schreiben des französischen Außenministers *Thouvenel* an den französischen Gesandten in Turin Graf *Rayneval* v. 15. 6. 1861 in Fontes Juris Gentium I 1 Zit. 484 und Schreiben des preußischen Außenministers Graf *Bernstorff* an Graf *Brassier de Saint Simon* v. 21. 7. 1862 in Fontes Juris Gentium I 1 Zit. 489.
[112] Brief *Bismarcks* an Ludwig von *Gerlach* v. 30. 5. 1857 in Bismarck S. 197. In Fontes Juris Gentium I 1 Zit. 515 ist dieser Brief als Denkschrift *Bismarcks* für den preußischen Ministerpräsidenten *v. Manteuffel* v. 2. 6. 1857 abgedruckt.
[113] *Smith* S. 229—33, *Chen* S. 107.
[114] Instruktionen *Jeffersons* für *Morris* v. 7. 11. 1792 in *Moore* Digest I S. 120; s. auch Instruktionen *Jeffersons* für *Morris* v. 12. 3. 1793 in *Moore* Digest I S. 120; Instruktionen *Jeffersons* für den amerikanischen Geschäftsträger in London *Puntney* v. 30. 12. 1792 nach *Goebel* S. 104.

C. Die dynastische Legitimität

ben, ob die Jeffersondoktrin Ausdruck des Effektivitätsprinzipes war, oder als Ausgangspunkt eines neuen demokratischen Legitimitätsprinzips anzusehen ist, auf jeden Fall bedeutete sie eine klare Absage an das dynastische Legitimitätsprinzip. In Verfolg dieser Politik erkannten die Vereinigten Staaten jede der zahlreichen revolutionären Veränderungen der Staatsgewalt in Frankreich[115] und in geringerem Umfange in Spanien[116] im Laufe des 19. Jahrhunderts ohne Zögern an. Die USA waren auch das erste Land, das die Unabhängigkeit Spanisch-Amerikas anerkannte[117], und außer Rußland und dem Kirchenstaat das einzige, das diplomatische Beziehungen zu *Dom Miguel* unterhielt, der im Jahre 1828 den portugiesischen Thron usurpiert hatte[118]. Anläßlich dieser Ereignisse haben amerikanische Staatssekretäre zu wiederholten Malen die seit den Tagen *Jeffersons* unveränderte Auffassung ihrer Regierung bekräftigt[119], die Präsident *Pierce* im Jahre 1856 in einer Botschaft an den Kongreß mit folgenden Worten umriß: „It is the

---

[115] *Napoleon I.*: Moore Digest I S. 122; *Ludwig XVIII.*: Moore Digest I S. 122; *Louis Philippe*: Moore Digest I S. 123; die französische Republik des Jahres 1848: *Moore* Digest I S. 123—25; das zweite Kaiserreich: *Moore* Digest I S. 125—26; die dritte französische Republik nach 1870: *Moore* Digest I S. 127.

[116] Herzog *Amadeo von Aosta* als König von Spanien im Jahre 1871: *Moore* Digest I S. 133; die spanische Republik im Jahre 1873: *Moore* Digest I S. 134.

[117] *Moore* Digest I S. 85 ff. — Kolumbien, Venezuela und Ecuador wurden durch die USA 1822, Buenos Ayres, Chile und Mexiko 1823 anerkannt, es folgten Brasilien 1824 und Peru 1826 (*Moore* Digest I S. 90—92). Zur Entwicklung der Beziehungen bis zur formellen Anerkennung vgl. *Geiger* S. 49—51 und die Dokumente bei *Manning*.

[118] *Moore* Digest I S. 134—37. Nach dem Tode *Johann VI.* und der Trennung Brasiliens von Portugal war *Dom Miguel* zum Regenten für die unmündige *Maria Gloria* ernannt worden. Als er sich im Jahre 1828 unter Bruch der Thronfolgeordnung und der Verfassung zum König von Portugal proklamieren ließ, verließen die meisten Diplomaten Lissabon (*Ghillany* Chronik I S. 616, 617). Die Nichtanerkennung *Dom Miguels* durch die europäischen Mächte kann jedoch nicht als Ausdruck eines konstitutionellen Legitimismus gewertet werden, da entgegen der amerikanischen Auffassung (*Moore* Digest I S. 136) *Dom Miguel* zu keiner Zeit unbestrittener Inhaber der höchsten Gewalt in Portugal war (*Ghillany* Chronik I S. 618, 628, II S. 19, 23.

[119] Instruktionen des Staatssekretärs *Buchanan* für den amerikanischen Gesandten in Paris *Rush* v. 31.3.1848 anläßlich der Februar-Revolution und der Bildung der provisorischen Regierung in *Moore* Digest I S. 124: „In its intercourse with foreign nations the Government of the United States has, from its origin always recognized de-facto governments. We recognize the right of all nations to create and reform their political institutions according to their own will and pleasure. We do not go behind the existing Government to involve ourselves in the question of legitimacy."
Instruktionen des Staatssekretärs *Webster* für den amerikanischen Gesandten in Paris *Rives* v. 12.1.1852 anläßlich des Staatsstreiches *Louis Bonapartes* in *Moore* Digest I S. 126; s. auch Henry Clay vor dem amerikanischen Kongreß am 24.3.1818 in *Goebel* S. 123, *Noel-Henry* in RGDIP S. 253.

established policy of the United States to recognize all governments without question of their source, or organization, or of the means by which the governing persons attain their power, provided there be a government de-facto, accepted by the people of the country ... We do not go behind the fact of a foreign government's exercising actual power to investigate questions of legitimacy."[120]

III. Rechtliche Würdigung

Die vorliegende Staatenpraxis bestätigt die eingangs getroffene Feststellung, daß sich im europäischen Völkerrecht zu keiner Zeit eine Norm des Inhaltes nachweisen läßt, daß allein eine im Sinne des dynastischen Legitimitätsprinzipes „legitime" Staatsgewalt anerkennungsfähig ist, eine Auffassung, die auch von den meisten Schriftstellern geteilt wird[121]. Wesentliche Vorbedingung für die Anerkennung war die Effektivität der ausgeübten Herrschaft[122]. Die unangefochtene Geltung des als Kontinuitätsprinzip[123] bezeichneten Grundsatzes, daß Veränderungen in der Regierung eines Staates dessen völkerrechtliche Stellung nicht berühren, und daher jede Regierung für die Verpflichtung ihrer Vorgängerin haftet[124], zeigt deutlich, daß die dynastische Legitimität kein konstitu-

---

[120] *Moore* Digest I S. 142.
[121] *Bieberstein* S. 41; *Bluntschli* Völkerrecht S. 71; *Bonfils-Fauchille* S. 345; *Fiore* I S. 275; *Heffter* S. 98; *Holtzendorff* S. 24; *Knubben* S. 332; *Kunz* in *Stier-Somlo* S. 59; *Lauterpacht* Recognition S. 26; *Martens* Einleitung S. 90; *Martens* Précis du Droit S. 149; *Neumann* S. 36; *Oppenheim* 1845 S. 212; *Phillimore* II S. 27; *Pufendorf*, Buch VII Kap. VIII, 9 (S. 1114); *Saalfeld* S. 26, 63; *Schmelzing* I S. 139—40; *Vattel* Buch IV, Kap. V § 68 (S. 555), a. A. unter den älteren Autoren *Steck* S. 54 und *Klüber* Völkerrecht I S. 49, der eine Anerkennung jedoch dann als zulässig ansieht, wenn die formell noch nicht aufgegebene Oberherrschaft des Souveräns über das in Empörung begriffene Volk „rechtlich als aufgegeben muß betrachtet werden", womit er sich der herrschenden Auffassung stark annähert.
In jüngster Zeit hat auch *Geiger* S. 38—39 die gegenteilige Ansicht vertreten, allerdings ohne Bezugnahme auf die Staatenpraxis und gestützt auf eine unrichtige Wiedergabe der Meinung von *Brockhaus* S. 288 ff.
[122] *Canning* zitiert nach *Fischer-Williams* in RC S. 226; Staatssekretär *Adams* an den Präsidenten am 24. 8. 1818 in *Moore* Digest I S. 78—79.
[123] *Spiropoulos* S. 63—64.
[124] Zur Staatenpraxis s. *Lecharny* S. 38 ff., *Moore* Digest I S. 249—52, *Spiropoulos* S. 65: Nach der Restauration anerkannten sowohl das Königreich beider Sizilien als auch Frankreich ihre Verantwortlichkeit für die zum Schadenersatz verpflichtenden Handlungen der Regierungen *Murats* und *Napoleons*, vgl. dazu Herzog von *Broglie* in der französischen Kammersitzung v. 31. 3. 1834 in *Marek* S. 52. Im Londoner Protokoll zur Regelung der belgischen Angelegenheiten v. 19. 2. 1831 (*Martens* Nouveau Recueil X S. 197) wurde dieser Grundsatz von den europäischen Großmächten ausdrücklich bestätigt.
Für die einheitliche Auffassung in der Literatur s. *Bluntschli* Völkerrecht S. 73, 74, 75; *Bynkershoek* Buch II Kap. XXV (S. 276); *Gemma* S. 342; *Grotius* 2. Buch 9. Kap. § 8 (S. 226); *Heffter* S. 98; *Heffter-Geffcken* S. 61; *Larnaude* S. 464; *Lecharny* S. 37, 43; *Liszt* S. 47; *Oppenheim* 1845 S. 141; *Pfeiffer*

C. Die dynastische Legitimität

tives Element der Staatsgewalt darstellte. So fanden auch die Bestrebungen einiger im Zuge der europäischen Restauration wiederhergestellter deutscher Kleinstaaten, den mit dem Kontinuitätsprinzip in engem Zusammenhang stehenden Grundsatz der Rechtswirksamkeit der von einer allgemeinen de facto Regierung vorgenommenen Rechtshandlungen mit der Begründung zu durchbrechen, daß durch die Vertreibung des legitimen Herrschers der Staatsverband als solcher zu bestehen aufhöre[125], in der staats- und völkerrechtlichen Literatur[126] des 19. Jahrhunderts keinen Anklang und konnten eine neue Staatenpraxis nicht begründen[127].

S. 20—21; *Phillimore* I S. 210—211; *Rougier* S. 483, 489—90, 510; *Vattel* Buch II Kap. XII § 185 (S. 271); *Wheaton* S. 29; *Wiesse* S. 243; *Zöpfl* I S. 566; a. A. nur *Schaumann* Verhältnisse S. 61. Davon ausgenommen sind nur die persönlichen oder Familienverträge der Monarchen, die mit dem Untergang der Dynastie erlöschen, s. *Vattel* Buch II Kap. XII §§ 183, 185 (S. 270—71); *Despagnet* S. 95; *Marek* S. 60; *Rougier* S. 508.

[125] Zur Zeit der westfälischen Herrschaft des Königs *Jerome Bonaparte* (1807—13) veräußerte dessen Regierung in allen Landesteilen Staatsdomänen an private Erwerber. Während Preußen nach der Wiederherstellung der alten Herrschaftsverhältnisse die Domänenverkäufe wie alle westfälischen Regierungsakte als rechtmäßig ansah, bestritten die drei anderen Nachfolgestaaten Hannover, Braunschweig und Kurhessen die Rechtmäßigkeit der Veräußerungen und forderten die Staatsgüter zurück (vgl. dazu die kurhessische Denkschrift „über die Gültigkeit der in Kurhessen von der usurpierten Herrschaft des Jerome Bonaparte geschehenen Beeinträchtigungen des Staatsvermögens" vorgelegt auf dem Wiener Kongreß in *Klüber* AdWC IV S. 167—87). Dagegen wandten sich die hessischen Domänenkäufer mit der Bitte um Rechtsschutz an den Bundestag. Dieser erklärte sich für unzuständig und wies die Beschwerdeführer ab. Die Auffasung von der dynastischen Legitimität als zum Wesen des Staates gehörig, findet sich in der Hannoverschen Abstimmung in der Bundesversammlung v. 5. 6. 1823, Protokolle der Bundesversammlung 15. Band 1823 § 98 S. 221—22 und in der österreichischen Abstimmung v. 4. 12. 1823, Protokolle der Bundesversammlung 15. Band 1823 § 164 S. 548; vgl. zum Ganzen E. R. *Huber* S. 758 ff. und *Wallmann* S. 616.

[126] *Behr* S. 74; *Bluntschli* Völkerrecht S. 396, 397, 399; *Brockhaus* Zwischenherrschaft S. 1505; *Heffter* Ausgabe 1844 S. 312, 313—314; *Klüber* Deutscher Bund S. 355, 357; *Klüber*, Völkerrecht II S. 417, 420—421; *Larnaude* S. 495; *Lecharny* S. 74; *Maurenbrecher* Grundsätze S. 249 Anm. 1; *Meyer* S. 17; *Pfeiffer* S. 20—21, 22—23; *Oppenheim* 1845 S. 142; *Rougier* S. 519; *Stickel* S. 28; *Weiß* S. 507; *Zachariä* Staatsrecht I S. 401; *Zachariä* in Z. f. ges. St.W. S. 83, 89—90; *Zöpfl* 1 S. 575; a. A. einzig *Schaumann* Verhältnis S. 78, 86. Gut besonders *Zachariä* Staatsrecht I S. 401 Anm. 5: „Die Annahme der Fortdauer eines staatsrechtlichen Zustandes mit allen seinen Verbindlichkeiten hat mit dem monarchischen Prinzip gar nichts zu schaffen und auch aus dem Legitimitätsprinzip folgt nur die Anerkennung des Rechtes der Restauration, nicht aber der Satz, daß während der Beseitigung des legitimen Fürsten der Staat gar nicht existiert habe."

[127] So wurde durch Art. 9 der französischen Charte constitutionelle v. 4. 6. 1814 (*Duguit* S. 168—74) der unter der Revolution erfolgte Verkauf der Nationalgüter bestätigt; eine ähnliche Bestimmung enthielt Art. 27 des Ersten Pariser Friedens v. 30. 5. 1814 (*Fleischmann* S. 1—5) zu Gunsten der Erwerber von Staatsdomänen in den von Frankreich abzutretenden Gebieten.

2. Kap.: Das dynastische Legitimitätsprinzip im Völkerrecht

Vermochten die dem dynastischen Legitimitätsprinzip verpflichteten Mächte dasselbe schon nicht als unabdingbare Voraussetzung für die Anerkennung eines neuentstandenen Staates oder einer revolutionären Regierung im europäischen Völkerrecht zu verankern, so versuchten sie doch zeitweilig das Prinzip theoretisch zu retten, indem sie einer auf verfassungswidrigem Wege zustande gekommenen, also illegitimen Regierung nur die Anerkennung als de facto Regierung gewährten, wohingegen die legitime Herrschaft als de jure Regierung anerkannt wurde[128]. Auch England, dessen Haltung ein amerikanischer Kritiker als nicht unbeeinflußt „by the mystic virtues of legitimacy" beschrieb[129], schloß sich dieser Praxis an[130].

Die Unterscheidung de jure de facto berührte damals noch nicht die Anerkennung selbst in ihrem Inhalt oder ihrer Form, sondern allein das Zustandekommen des anzuerkennenden Sachverhaltes[131]. „To recognize de facto" besagte damit nur, daß der anerkannte Staat oder Souverän nach den Vorstellungen des Mutterstaates auf illegitime Weise zustande gekommen sei, der neue Zustand daher nur als ein tatsächlich vorhandener hingenommen, nicht aber als ein zu Recht bestehender anerkannt werde[132]. Der fortgeltende Anspruch der verdrängten legitimen Gewalt auf Wiedereinsetzung in ihre ursprüngliche Rechtsstellung wurde damit in keiner Weise präjudiziert[133]. Damit näherte sich die legitimistische Auffassung, soweit sie überhaupt zu einer Anerkennung revolutionärer Zustände bereit war, der amerikanischen

---

[128] *Saumweber* S. 151 Anm. 2, *Kunz* in *Stier-Somlo* S. 144; vgl. dazu Declaration du Cabinet Autrichien en Réponse a celle du Cabinet Britannique v. 24.11.1822 in *Webster* Independence II S. 80, dsgl. in *Lauterpacht* Recognition S. 26—27, sowie die Bulle Papst *Gregor XVI.* v. 9.8.1831 in *Heffter* S. 443—44.

[129] Auszug aus einem Bericht des amerikanischen Gesandten in London *Adams* an den amerikanischen Staatssekretär *Monroe* v. 22.1.1816 in *Manning* S. 1433.

[130] Instruktionen *Castlereaghs* für den Kongreß von Verona v. 8.8.1822 in *Smith* S. 125—26. u. *Reibstein* II S. 526—27. Auch *Canning*, ein erklärter Gegner des dynastischen Legitimitätsprinzipes, übernahm die auf dieses Prinzip zurückgehende Unterscheidung zwischen de jure und de facto Anerkennung, s. seine Antwort auf eine Petition britischer Kaufleute zu Gunsten der Anerkennung Spanisch-Amerikas im Unterhaus am 23.7.1824 in *Temperley* S. 143.

[131] *Geiger*, S. 26.

[132] Gegen diese Trennung wandte sich der französische Außenminister *Damas* in seinen Instruktionen für den Botschafter in St. Petersburg *La Ferronays* im Dezember 1824, abgedruckt bei *Robertson* S. 352—53: „There cannot be a recognition de facto independent of recognition de jure. A nation can admit as a fact that a state exists and may even enter into relations of commerce or other relations with it which do not necessiate arranging political transactions. From the moment however, that by a formal and explicit act a nation recognizes the existence of another state, the right is joined to the fact which has been acknowledged."

[133] *Bieberstein* S. 41; *Whiteman* I S. 917; *Bracht* S. 46.

C. Die dynastische Legitimität

Praxis[134], die jedoch mit der Anerkennung einer unter Bruch der bestehenden Verfassungsordnung entstandenen Regierung als de facto Regierung[135] diese nicht diskriminieren, sondern im Gegenteil zum Ausdruck bringen wollte, daß es sich dabei ebenfalls um eine anerkennungsfähige Regierung handelt, über deren Entstehung dritten Staaten kein Urteil zustehe[136]. Die de facto Anerkennung hatte hier die Bedeutung, daß bei der Anerkennung einer Regierung ihre revolutionäre Herkunft und ihr gesetzwidriger Charakter unbeachtet gelassen, also die Regierung trotz ihres nicht legalen Charakters anerkannt wird, wobei unter anerkennen die Gewährung der vollen, endgültigen de jure Anerkennung verstanden wurde[137]. Diese, auch in einen Teil der anglo-amerikanischen und französischen Literatur[138] eingegangene Verwendung des Begriffes de facto Anerkennung bietet Anlaß zu großer begrifflicher Verwirrung[139], seit das Rechtsinstitut der de facto Anerkennung nach dem ersten Weltkrieg infolge der Dismembration der Donaumonarchie und der Sezession der russischen Randstaaten neue Bedeutung gewann[140], ohne daß eine exakte Relation zur Art des anzuerkennenden Sachverhaltes bestanden hätte[141]. Spezifisches Anwendungsgebiet des neuen Rechtsinstitutes war die noch ungesicherte Herrschaftsordnung. Die de facto Anerkennung wurde gegenüber solchen

---

[134] *Geiger* S. 26; *Saumweber* S. 151 Anm. 2; *Schlüter* S. 12.
[135] Der Begriff der de facto Regierung findet sich das erste Mal in den Instruktionen *Jeffersons* für den amerikanischen Gesandten in Paris *Morris* v. 7. 11. 1792 in *Moore* Digest I S. 120; ebenso Instruktionen des Staatssekretärs *Buchanan* für den amerikanischen Gesandten in Paris *Rush* vom 31. 3. 1848 anläßlich der Februarrevolution und der Bildung der provisorischen Regierung in *Moore* Digest I S. 124; der gleiche an den amerikanischen Konsul in Palmero am 31. 12. 1848 in *Moore* Digest I S. 113; Instruktionen des Staatssekretärs *van Buren* betreffend die Anerkennung Kolumbiens v. 9. 6. 1829 in *Moore* Digest I S. 137; Botschaft des Präsidenten *Pierce* an den Kongreß vom 15. 5. 1856 in *Moore* Digest I S. 142; Botschaft Präsident *Hayes'* an den Kongreß v. 3. 12. 1877 betreffend die Anerkennung der Regierung *Diaz* in Mexiko in *Moore* Digest I S. 148; Memorandum des Unterstaatssekretärs *Adee* betreffend die Anerkennung der Republik China v. 28. 3. 1913 in *Hackworth* I S. 175; siehe auch Henry *Clay* vor dem amerikanischen Kongreß am 24. 3. 1818 in *Goebel* S. 123.
[136] *Geiger* S. 39; *Lauterpacht* Recognition S. 331; *Schlüter* S. 12; vgl. dazu die Instruktionen des Staatssekretärs *van Buren* betreffend die Anerkennung Kolumbiens v. 9. 6. 1829 in *Moore* Digest I S. 137: „So far as we are concerned, that which is the Government de facto is equally so de jure"; ebenso Botschaft Präsident *Monroes* v. 2. 12. 1823 in *Kraus* Monroedoktrin S. 37—40.
[137] *Schlüter* S. 12.
[138] *Baty* S. 472; *Fischer - Williams* in Harvard Law Review S. 781; *Jessup* S. 80; *Lauterpacht* Recognition S. 330; derselbe in BYIL S. 164; *MacNair - Watts* S. 407 Anm. 2; *Phillimore* II S. 23; *Schwarzenberger* Manual I S. 65, 68; *Noel-Henry* S. 50; *Scelle* in RC S. 389.
[139] *Bieberstein* S. 54 Anm. 162; *Borchard* Review S. 927; *Briggs* Arantzazu Mendi S. 689; *Chen* S. 274—75.
[140] Vgl. dazu *Geiger* S. 56 ff. und *Kunz* in Stier - Somlo S. 51 Anm. 39.
[141] *Kunz* in Stier - Somlo S. 132; der gleiche in WVRD II S. 609.

Staaten und Regierungen ausgesprochen, an deren Effektivität, speziell ihrer Aussicht auf Dauer begründete Zweifel bestanden[142]. Das Fehlen zusätzlicher Voraussetzungen wie der demokratischen Legitimation oder der verfassungsmäßigen Konstituierung der neuen Herrschaftsgewalt ist von der Staatenpraxis nur vereinzelt zum Anlaß einer bloßen de facto Anerkennung genommen worden[143]. Infolge des durch diese Ereignisse eingetretenen Bedeutungswandels der de facto Anerkennung wird heute von der Mehrzahl der Autoren zwischen Anerkennungsart und Anerkennungsobjekt unterschieden[144], und die Bezeichnung de facto Anerkennung ausschließlich für das Rechtsinstitut der bedingten, widerruflichen und provisorischen Anerkennung verwandt[145]. In der Praxis hat sich eine klare begriffliche Unterscheidung bis heute nicht durchgesetzt[146]. Sie wird erschwert durch die Tatsache, daß sich die de jure Regierung im gegenwärtigen Völkerrecht nicht mehr durch ihr göttliches Recht — de jure divino — sondern die endgültige Festigung ihrer Macht von der de facto Regierung unterscheidet[147], so daß außer im Falle der einverständlichen Entlassung einer Kolonie in die Unabhängigkeit die de facto Anerkennung regelmäßig mit der Anerkennung einer de facto Regierung zusammenfallen wird.

---

[142] *Berber* I S. 231; *Bieberstein* S. 56—57; *Dahm* I S. 148; *Erich* S. 482; *Geiger* S. 34; *Guggenheim* I S. 186; *von der Heydte* I S. 193; *Lauterpacht* Recognition S. 341; *Oppenheim - Lauterpacht* I S. 134—35; *Verdroß* in WVRD I S. 50.

[143] Vgl. die de facto Anerkennung der Regierung *Carranza* in Mexiko 1915 durch die Vereinigten Staaten in *Hackworth* I S. 260; ebenso die Anerkennung der Regierung *Saavedra* als de facto Regierung Boliviens durch die Vereinigten Staaten im Dezember 1920 (*Hackworth* I S. 224), der die de jure Anerkennung erst nach der Wahl des Präsidenten in Übereinstimmung mit den Regeln der Verfassung folgte (*Hackworth* I S. 225). Die bloße de-facto Anerkennung der UdSSR durch Großbritannien im Jahre 1921 trotz deren effektiver Beherrschung des gesamten russischen Gebietes wird von *Lauterpacht* (S. 338—39) auf die Weigerung der sowjetischen Regierung zurückgeführt, die Schulden ihrer zaristischen Vorgängerin zu übernehmen.
Auch die de facto Anerkennung der italienischen Herrschaft über Äthiopien durch England und Frankreich war weniger durch Zweifel an der Effektivität, als vielmehr der völkerrechtlichen Rechtmäßigkeit des anzuerkennenden Sachverhalts bestimmt. S. dazu *Lauterpacht* Recognition S. 336.

[144] *Chen* S. 273; *Sepulveda* S. 13; *Spiropoulos* S. 18.

[145] *Berber* I S. 232; *Bieberstein* S. 55; *Dahm* I S. 148; *Gould* S. 257; *von der Heydte* I S. 193; *Kelsen* Principles S. 397; *Kunz* in *Stier-Somlo* S. 51—52; *Kleist* S. 44; *Liszt - Fleischmann* S. 92; *Oppenheim - Lauterpacht* I S. 136; *Menzel* Völkerrecht S. 145; *Schaumann* S. 51; *Spiropoulos* S. 17; *Verdroß* S. 248; Art. 11 der Resolution des Institut de Droit International vom April 1936 in AJIL 30 (1936) Suppl. S. 186.

[146] Vgl. Erklärung Präsident *Trumans* v. 24.10.1948 in *Whiteman* II S. 452, in der die de facto Anerkennung Israels als Anerkennung einer de facto Regierung bezeichnet wird, obgleich eine wesentliche Voraussetzung für das Zustandekommen einer de facto Regierung, der Bruch einer bestehenden Verfassungsordnung, fehlt.

[147] Vgl. die Stellungnahme der britischen Regierung abgegeben von Staatssekretär *Morrisson* vor dem Unterhaus am 21.3.1951 in *Whiteman* II S. 112.

Drittes Kapitel

Das demokratische Legitimitätsprinzip im Völkerrecht

A. Begriff — Abgrenzung vom Selbstbestimmungsrecht der Völker und vom konstitutionellen Legalitätsprinzip

Die Vorstellung, daß alle politische Gewalt der Zustimmung der Regierten bedürfe[1], die schließlich in die Rousseausche Lehre vom Volk als alleinigem Träger der Staatsgewalt einmündet[2], bildet die Grundlage für das demokratische Legitimitätsprinzip.

Wie das dynastische Legitimitätsprinzip die Alleinberechtigung der legitimen Throne, so proklamiert das demokratische Legitimitätsprinzip eine „völkerrechtliche Alleinberechtigung" demokratisch verfasster Herrschaftsgewalt. Seinen Ausdruck fand dieser Gedanke das erste Mal in den Richtlinien *Jeffersons* für die Anerkennung revolutionärer Regierungen durch die Vereinigten Staaten: „It accords with our principles to acknowledge any Government to be rightful which is formed by the will of the nation substantially declared"[3]. Bereits aus dieser Formulierung ergibt sich, daß nicht die in der Staatenpraxis oft als Indiz für die Effektivität gewertete Hinnahme des Herrschaftswechsels durch die Bevölkerung, sondern nur die frei geäußerte Zustimmung derselben diese Voraussetzung erfüllt[4].

Im Gegensatz zum dynastischen Legitimitätsprinzip, dem nach der Vorstellung seiner Verfechter als grundlegendem Prinzip des droit public europeén eine umfassende völkerrechtliche Bedeutung zukam,

---

[1] S. dazu die bei *Decker* S. 73 ff. und bei *Gaudu* S. 78 ff., 134 ff. zitierten geistesgeschichtlichen Quellen.

[2] *Rousseau* Contrat Social in der Übersetzung von Kurt Weigand S. 19, 26.

[3] Instruktionen Staatssekretär *Jeffersons* für den amerikanischen Gesandten in Paris Morris v. 7. 11. 1792 in Moore Digest I S. 120.

[4] *Charpentier* S. 287; *Heilborn* S. 718, *Lauterpacht* Recognition S. 115 ff. unterscheidet bedauerlicherweise nicht zwischen diesen beiden Möglichkeiten, den Volkswillen bei der Anerkennung von Staaten und Regierungen im Völkerrecht zu berücksichtigen und kommt dadurch zu dem meines Erachtens falschen Ergebnis einer einheitlichen, auf die Zustimmung der betroffenen Bevölkerung abstellenden anglo-amerikanischen Anerkennungspraxis bis zum Ausbruch des 1. Weltkrieges.

blieb das demokratische Legitimitätsprinzip von Anfang an auf den engen Bereich der Anerkennung von Staaten und Regierungen beschränkt, ohne daß daraus ein Interventionsrecht zur Beseitigung undemokratischer Staatsgewalt abgeleitet worden wäre[5].

Aus der gleichen Wurzel der Volkssouveränität wie das demokratische Legitimitätsprinzip entspringt auch das von den revolutionären Unabhängigkeitsbewegungen in Südamerika, Griechenland, Belgien und Italien dem dynastischen Legitimitätsprinzip entgegengestellte Selbstbestimmungsrecht der Völker[6], das den Anspruch einer Nation bezeichnet, das eigene Schicksal ohne fremde Einmischung zu gestalten, nötigenfalls durch die Bildung eines selbständigen Nationalstaates[7]. Im Unterschied zum demokratischen Legitimitätsprinzip erschöpft sich jedoch das Selbstbestimmungsrecht der Völker, zumindest in seiner heutigen Form, in der Forderung nach Bildung eines unabhängigen Staates, ohne dessen demokratische Verfassung zu fordern[8].

Von dem demokratischen Legitimitätsprinzip in der Anerkennungspraxis nicht zu trennen ist das konstitutionelle Legalitätsprinzip[9], daß die Anerkennung einer Regierung von ihrer „Konstitutionalität", also ihrem verfassungsmäßigen Zustandekommen abhängig machen will. Schon das dynastische Legitimitätsprinizp enthielt eine Garantie der konstitutionellen Legalität, insofern die durch Haus- oder Staatsgrundgesetz verbürgte Thronfolge gewahrt werden sollte[10], doch spricht man

---

[5] S. aber unten S. 64 Anm. 87.

[6] *Decker* S. 73 ff.; *Redslob* Problem S. 230. S. besonders Giuseppe *Mazzini* „Das junge Europa", sowie die Antrittsvorlesung *Mancinis* in Turin v. 22. 1. 1851 bei *Decker* S. 85—86.

[7] *Armbruster* S. 250; *Decker* S. 225, 228; *Lenin* S. 399; *Rabl* S. 173.

[8] *v. Schenck* S. 167; *Schuster* in DÖV S. 164. Bezeichnend für diese Auffassung ist die von der Vollversammlung am 14. 12. 1960 angenommene „Declaration on granting Independence to colonial countries and peoples", in der es unter Ziff. 3 heißt: „Inadequacy of political, economic, social or educational preparedness should never serve as a pretext for delaying independence" (Yearbook of the UN 1960 S. 44—50). In neuester Zeit scheint allerdings eine Rückbesinnung auf die demokratischen Wurzeln des Selbstbestimmungsrechtes einzusetzen. S. dazu den von der Vollversammlung auf ihrer 21. Sitzung am 16. 12. 1966 angenommenen Weltpakt für Bürgerliche und Politische Rechte (Journal der Internationalen Juristen-Kommission 1967 Band VIII Nr. 1 S. 59 ff.), in dem das Selbstbestimmungsrecht der Völker (Art. 1) an die Gewährung demokratischer Freiheitsrechte, wie das Recht auf Leben (Art. 6), auf persönliche Freiheit (Art. 9), auf Freizügigkeit (Art. 12), Gedanken- (Art. 18) und Meinungsfreiheit (Art. 19) gekoppelt ist. Es bleibt jedoch abzuwarten, ob sich diese Tendenz durchzusetzen vermag. Die Ablehnung der Volksabstimmung in Gibraltar durch die UN mit der Begründung, daß die Interessen der gibraltekischen Bevölkerung erst nach einer Entkolonialisierung zu wahren seien (AdG 1967 S. 13417 B), weist jedenfalls nicht in diese Richtung.

[9] *Krakau* S. 433—434. Vgl. dazu die amerikanische Anerkennungspraxis unten.

[10] *Saalfeld* S. 65; *Stieglitz* S. 424.

erst im Zusammenhang mit der demokratischen Verfassung von einem konstitutionellen Legalitätsprinzip. Die enge Verbindung beider Prinzipien in der Praxis dürfte auch der Grund für die mangelnde begriffliche Unterscheidung in der Literatur sein, die beide Prinzipien unter der irreführenden Bezeichnung „demokratisches Legalitätsprinzip" zusammenfaßt[11]. Im Schrifttum ist zu Recht darauf hingewiesen worden, daß in der zuerst von dem ecuadorianischen Außenminister *Tobar* 1907 aufgestellten Forderung, die Anerkennung einer Regierung von ihrem verfassungsmäßigen Zustandekommen abhängig zu machen[12], eine contradictio in adjecto liegt, da überhaupt nur die nicht verfassungsmäßig zustande gekommenen, also „illegalen" Regierungen einer Anerkennung bedürfen[13]. Die dem konstitutionellen Legalitätsprinzip verpflichteten Mitglieder der Staatengemeinschaft müßten daher folgerichtig allen revolutionären Veränderungen die Anerkennung versagen. Diese Konsequenz vermeiden die auf die *Tobardoktrin* zurückgehenden mittelamerikanischen Konventionen von 1907[14] und 1923[15] durch eine Verbindung der beiden Prinzipien, dergestalt, daß die verfassungswidrig zustandegekommene Regierung durch eine demokratische Legitimation in verfassungsmäßigen Formen legalisiert und damit anerkennungsfähig gemacht werden kann[16]. Das konstitutionelle Legalitätsprinzip hat hier die Bedeutung eines Verbotes der Anerkennung von de facto Regierungen, so lange diese nicht durch eine aus dem frei geäußerten Willen der Bevölkerung hervorgehende verfassungsmäßige Reorganisation des Landes in de jure Regierungen umgewandelt worden sind[17].

---

[11] *Chen* S. 108 ff.; *Kleist* S. 34; *Kunz* in *Stier - Somlo* S. 146 ff.; *Lomnitz* S. 66; *Ross* S. 190; *Spiropoulos* S. 42 f.; vgl. auch *Bieberstein* S. 45—46 Anm. 120, 121, auf den die hier getroffene Unterscheidung zwischen beiden Prinzipien zurückgeht.

[12] S. Brief Dr. *Tobars* an den bolivianischen Konsul in Brüssel v. 15. 3. 1907 in RGDIP XXI (1914) S. 482—85.

[13] *Berber* I S. 235; *Bieberstein* S. 47 Anm. 124; *Kunz* in *Stier - Somlo* S. 150; *Schaumann* S. 48—49; *Schwenck* S. 79; *Spiropoulos* S. 46; *Wright* Recognition S. 325. Verfehlt ist deshalb die vom American Institute of International Law für eine Kodifizierung des geltenden Völkerrechtes in Vorschlag gebrachte Formulierung: „Every legally constituted government has the right to be recognized" in AJIL 20 (1926) Suppl. S. 310.

[14] Additional Convention to the General Treaty of Peace and Amity v. 20. 12. 1907, Art. I in AJIL 2 (1908) Suppl. S. 229—230.

[15] Art. II of the General Treaty of Peace and Amity, signed at the conference on Central American Affairs, Washington am 7. 2. 1923 in AJIL 17 (1923) Suppl. S. 118.

[16] *Anrechaga* S. 156; *Bieberstein* S. 46 Anm. 121; *Sepulveda* S. 52.

[17] Nach *Bieberstein* S. 32 und *Gemma* S. 316 wird die de facto Regierung mit der endgültigen Festigung ihrer Macht zur de jure Regierung, eine Auffassung, die zu der oben geäußerten nicht im Widerspruch steht, wenn man die verfassungsmäßige Reorganisation des Landes als Beweis für die Stabilität der neuen Regierung ansieht.

3. Kap.: Das demokratische Legitimitätsprinzip im Völkerrecht

B. Demokratische Legitimität und konstitutionelle Legalität als Anerkennungsvoraussetzungen in der Staatenpraxis

I. Die amerikanische Anerkennungspraxis

1. Die Jeffersondoktrin

Unter der Bezeichnung *Jeffersondoktrin* werden in der amerikanischen Literatur die bereits mehrfach zitierten Instruktionen des Staatssekretärs und späteren Präsidenten *Jefferson* für den amerikanischen Gesandten in Paris, *Morris* zusammengefaßt[18], die für die amerikanische Anerkennungspolitik bis auf den heutigen Tag richtungsweisend geblieben sind. Der Staatssekretär wies darin den amerikanischen Gesandten an, die nach dem Sturz *Ludwigs XVI.* proklamierte französische Republik anzuerkennen. Die bei dieser Gelegenheit von *Jefferson* gewählte und in der Einleitung zu diesem Kapitel wiedergegebene Formulierung: „the will of the nation, substantially declared" als Voraussetzung für die Anerkennung einer Regierung[19], hat nicht nur in der anglo-amerikanischen Literatur eine heftige Kontroverse darüber ausgelöst, ob die *Jeffersondoktrin* als eine Ausprägung des demokratischen Legitimitätsprinzipes[20] oder des sogenannten „de factoismus"[21] anzusehen ist. Der Wortlaut der Instruktionen spricht für die erste Annahme. Andererseits haben die Vereinigten Staaten bis zum Ausbruch des Bürgerkrieges in Verfolg der von *Jefferson* verkündeten Grundsätze jede der zahlreichen durch einen Staatsstreich oder eine Revolution an die Macht gelangten Regierungen in Europa und Südamerika aner-

---

[18] Instruktionen *Jeffersons* für *Morris* v. 7.11.1792 in *Moore* Digest I S. 120; Instruktionen *Jeffersons* für *Morris* v. 12.3.1793 in *Moore* Digest I S. 120.

[19] Vgl. auch den Wortlaut des zweiten Schreibens an *Morris*: „We surely can not deny to any nation that right whereon our own government is founded — that every one may govern itself according to whatever form it pleases, and change these forms at its own will, and that it may transact its business with foreign nations through whatever organ it thinks proper, whether king, convention, assembly, committee, president, or anything else it may choose. The will of the nation is the only thing essential to be regarded..."

[20] *Kunz* in *Stier-Somlo* S. 136, der die von *Jefferson* geforderte demokratische Legitimation der Staatsgewalt als „Legalität" bezeichnet, desgleichen *Jaffe* S. 107; *Lauterpacht* Recognition S. 128 Anm. 2; *Lomnitz* S. 66; *Noel-Henry* in RGDIP S. 250—51; *Wright* Recognition S. 325 Anm. 13; auch *Arendt* S. 84, 85, der beide Auslegungen für möglich hält und sich durch die amerikanische Anerkennungspraxis darin bestätigt sieht.

[21] Erklärung Staatssekretär *Stimsons* v. 17.9.1930 in AJIL 25 (1931) S. 121; derselbe vor dem „Council on Foreign Relations" in New York am 6.2.1931 in *Hacksworth* I S. 185; *Alexander* in AJIL S. 636; *Anderson* S. 298; *Baty* S. 474; *Chen* S. 122; *Dennis* S. 205; *Fischer-Williams* in RC S. 219; derselbe in Grotius 1932 S. 114; *Gould* S. 247; *Goebel* S. 111; *Hyde* I S. 161—162; *Kohl* S. 47; *Krakau* S. 429, 431; *Makarov* S. 3; *Moore* in AJIL S. 609—610; *Peck* S. 180.

B. Demokratische Legitimität und konstitutionelle Legalität 55

kannt[22]. Voraussetzung für die Gewährung der Anerkennung war, „that a government exists capable of maintaining itself"[23], was zugleich als Beweis dafür galt, daß die neue Regierung „might be supposed to have received the express or implied assent of the people"[24]. Das Auseinanderfallen von Theorie und Praxis in der amerikanischen Anerkennungspolitik erklärt sich aus dem erst durch den Bürgerkrieg erschütterten Glauben der Amerikaner an den demokratischen Charakter jeder revolutionären Umwälzung[25]. Für *Jefferson* und seine Nachfolger manifestierte sich der Volkswille bereits in dem Gelingen der Revolution, so daß ihnen die formelle Zustimmung der Bevölkerung als Voraussetzung für die Anerkennung der neuen Regierung überflüssig erschien[26].

---

[22] Vgl. dazu die amerikanische Staatenpraxis zum dynastischen Legitimitätsprinzip oben S. 57; des weiteren die Instruktionen Staatssekretär van *Burens* für die Anerkennung der kolumbianischen Regierung v. 9. 6. 1829 in *Moore* Digest I S. 137; Anerkennung der Regierung *Rivas - Walker* in Nicaragua 1856 in *Moore* Digest I S. 142; Anerkennung der Regierung *Santos - Acosta* in Columbien im Jahre 1867 in *Moore* Digest I S. 138.

[23] Instruktionen Staatssekretär *Buchanans* für den amerikanischen Gesandten in Paris *Rush* v. 31. 3. 1848 anläßlich der Februarrevolution und der Bildung der provisorischen Regierung in *Moore* Digest I S. 124. Vgl. auch die Instruktionen für den amerikanischen Gesandten in Paris *Armstrong* bezüglich der Anerkennung des ersten französischen Kaiserreiches: „when satisfied that the Empire was in possession and control of the governmental power and the territory of the nation — the usual conditions precedent in all cases of recognition by the US-Governments" in *Moore* Digest I S. 122;
Staatssekretär *Livingston* an den britischen Gesandten in den Niederlanden Sir Charles *Vaughan* in einer Note v. 30. 4. 1833 in *Moore* Digest I S. 129; Botschaft Präsident *Pierce* an den Kongreß v. 15. 5. 1856 in *Moore* Digest I S. 142; Anerkennung der spanischen Republik im Jahre 1873 „when it was fully established and in possession of the power of the nation" in *Moore* Digest I S. 134.

[24] Staatssekretär *Livingstone* an den britischen Gesandten in den Niederlanden Sir Charles *Vaughan* am 30. 4. 1833 in *Moore* Digest I S. 129. Vgl. auch Schreiben des amerikanischen Staatssekretärs *Fish* an den amerikanischen Gesandten in Madrid *Sickles* betreffend die Anerkennung des Herzogs von *Aosta* als König von Spanien v. 16. 12. 1870: „We have always accepted the general acquiescence of the people in a political change of government as a conclusive evidence of the will of the nation." So auch *Hyde* I S. 162; *Lauterpacht* Recognition S. 115; *Schaumann* S. 48.

[25] S. beispielsweise *Goebel* S. 141: „In my opinion the only explanation of the apperance of a de facto theory in almost perfect completeness is the fact that this principle as outlined by Jefferson is as inevitable to the idea of democracy and republican government as the idea of legitimacy to the existence of a monarchy."

[26] *Saumweber* S. 157.
Die dieser Ansicht scheinbar widersprechende Unterscheidung zwischen Regierungen, die sich auf den erklärten Willen des Volkes stützen, und bloßen de facto Regierungen, wie sie *Jefferson* in seinem ersten Schreiben an *Morris* v. 7. 11. 1792 (*Moore* Digest I S. 120) trifft, führt *Baty* S. 476 auf die besondere Lage in Frankreich nach dem Sturz des Königtums zurück, als legislative Versammlung und die noch vom König eingesetzte Regierung die Macht ohne verfassungsrechtliche Grundlage ausübten.

2. Die Anerkennungspolitik Staatssekretär Sewards

Eine Änderung erfuhr diese Praxis erst durch den Staatssekretär Präsident *Lincolns*, *Henry Seward*. Unter dem Schock des Bürgerkrieges und der Anerkennung der konföderierten Staaten als bürgerkriegführende Partei durch England und Frankreich[27] versuchte er das demokratische Legitimitätsprinzip neu zu beleben[28]. Revolutionäre Regierungen sollten in republikanisch verfassten Staaten künftig nur anerkannt werden, wenn „the people have adopted them by organic law with the solemnities which would seem sufficient to guarantee their stability and permanence"[29]. Nicht mehr die bloße Hinnahme des Herrschaftswechsels durch die Bevölkerung, sondern deren aktive Mitwirkung an der verfassungsmäßigen Neugestaltung nach der Revolution entsprach der neuen Auslegung von *Jeffersons* Formel: „the will of the nation substantially declared". Wegen Nichterfüllung dieser Voraussetzungen verweigerte *Seward* revolutionären Regierungen in Peru[30] und Venezuela[31] die amerikanische Anerkennung. Erst müßten sie den Beweis erbringen „that the government is fully accepted and peacefully maintained by the people thereof"[32], lautete seine Forderung. Der Wechsel in der amerikanischen Anerkennungspolitik vollzog sich jedoch nicht konsequent wie die gleichzeitige Anerkennung derartiger Regierungen in Bolivien[33], Columbien[34] und Costa Rica[35] in den Jahren 1866, 1867 und 1868 zeigt, wobei die erstere allerdings unter ausdrücklicher Betonung des Grundsatzes der Nichtanerkennung unkonstitutioneller Regierungen nur im Hinblick auf die gespannte außenpolitische Lage zwischen Spanien und den an der Pazifikküste gelegenen südamerikanischen Republiken gewährt wurde, sechs Monate nachdem General *Melgarejo* durch einen Staatsstreich an die Macht gekommen

---

[27] *Hall* S. 37 ff.
[28] Der Zusammenhang zwischen den amerikanischen Erfahrungen im Bürgerkrieg und der neuen Anerkennungspraxis wird deutlich aus einem bei *Noel - Henry* in RGDIP S. 257 zitierten Brief *Sewards* v. 7. 5. 1868: „Au cours de nos récentes convulsions politiques, nous avons protesté auprès du monde entier, contre toute reconaissance des insurgés comme pouvoir politique; nous avons refusé aux puissances etrangères le droit de reconnaitre un gouvernement séparé de notre republique constitutionelle, non seulement aussi longtemps que ce nouveau gouvernement ne se serait pas imposé par les armes mais encore aussi longtemps qu'il n'aurait pas été accepté et proclamé par le peuple des Etats-Unies."
[29] Instruktionen *Sewards* v. 8. 3. 1866 bezüglich der Anerkennung der Regierung von Peru in *Goebel* S. 199.
[30] Vgl. Anmerkung 29.
[31] Instruktionen *Sewards* für den amerikanischen Gesandten in Venezuela *Culver* v. 19. 11. 1862 in *Moore* Digest I S. 149.
[32] Vgl. Anm. 31.
[33] *Moore* Digest I S. 154.
[34] *Moore* Digest I S. 138.
[35] *Moore* Digest I S. 144.

B. Demokratische Legitimität und konstitutionelle Legalität 57

war[36]. Hier verzichtete *Seward* auf die verfassungsmäßige Reorganisation des Landes durch gewählte Volksvertreter als Vorbedingung für die Anerkennung und begnügte sich stattdessen mit der Stabilität der neuen Regierungen[37] und ihrer Tolerierung durch die betroffene Bevölkerung[38]. Unter *Sewards* Nachfolgern kehrten die Vereinigten Staaten zu ihrer traditionellen Anerkennungspraxis zurück[39], doch verschwanden Konstitutionalität und demokratische Legitimität nicht vollständig aus der amerikanischen Anerkennungspraxis. So wurden die revolutionären Regierungen *Diaz* in Mexiko[40] und *Guzman Blanco* in Venezuela[41] erst nach Bestätigung durch die zuständigen legislativen

---

[36] Instruktionen *Sewards* für den amerikanischen Gesandten in Bolivien *Hall* v. 21. 4. 1866 in *Goebel* S. 199 und *Moore* Digest I S. 154.

[37] S. beispielsweise Instruktionen *Sewards* für den amerikanischen Gesandten in Bolivien *Hall* v. 28. 9. 1865 in *Moore* Digest I S. 154: „that the US did not hasten to recognize revolutionary governments but waited to see grounds for regarding them as permanently organized and firmly established"; dsgl. Schreiben Staatssekretärs *Sewards* an den amerikanischen Vertreter in Costa Rica *Blair* vom 1. 12. 1868 in *Moore* Digest I S. 144, in dem er den Bruch der republikanischen Verfassung bedauert, ohne daraus die Konsequenz einer Nichtanerkennung der neuen Regierung zu ziehen.

[38] Instruktionen *Sewards* für den amerikanischen Gesandten in Columbien *Sullivan* v. 17. 8. 1867 in *Moore* Digest I S. 138.

[39] Anerkennung der Regierungen *Pierola* und *Iglesias* in Peru durch die Vereinigten Staaten, *Moore* Digest I S. 156, 158—59; Anerkennung der nach dem Sturz des Kaisertums in Brasilien proklamierten Republik durch die USA im Jahre 1889 „as soon as a majority of the people of Brazil should have signified their assent to the establishment and maintenance of the Republic", vgl. Telegramm des Staatssekretärs *Blaine* in *Moore* Digest I S. 161; Anerkennung der revolutionären Regierung in Chile 1891 in *Moore* Digest I S. 162; Anerkennung der Regierung *Crespo* in Venezuela 1892 „if it was accepted by the people, in possession of the power of the nation and fully established", vgl. Telegramm Staatssekretärs *Forsters* v. 12. 10. 1892 in *Moore* Digest I S. 153; Anerkennung der Regierung *Alfara* in Ecuador 1895 in *Moore* Digest I S. 156 — vgl. dazu die Instruktionen Staatssekretär *Olneys* für den amerikanischen Gesandten in Ecuador vom 6. 11. 1895: „As to formal recognition the practice of this Government has been to enter in effective relations with the de facto government when it shall have been fully established with the general consent of the people"; Anerkennung der Regierung *Castro* in Venezuela im Jahre 1899 in *Moore* Digest I S. 153; Anerkennung der Regierung *Pando* in Bolivien 1899 „when it shall appear to be established in control of the machinery of administration" in *Moore* Digest I S. 155; Anerkennung der revolutionären Regierung auf Santo Domingo 1899 in *Moore* Digest I S. 163; Anerkennung der Unabhängigkeit Panamas durch die USA am 13. 11. 1903, zehn Tage nach der Sezession von Columbien in *Kunz* in *Stier-Somlo* S. 102 Anm. 140; Anerkennung der Regierung *Leconte* auf Haiti 1911 „if the Government is in full possession of the machinery of government with the acquiescence of the people of Haiti" in *Hackworth* I S. 249.

[40] Instruktionen des amtierenden Staatssekretärs *Seward* für den amerikanischen Gesandten in Mexiko *Forster* v. 16. 5. 1877 in *Moore* Digest I S. 148.

[41] Instruktionen Staatssekretär *Evarts*' für den amerikanischen Gesandten in Venezuela *Baker* v. 8. 4. 1879 in *Moore* Digest I S. 150—52: „the new administration of Venezuela was not understood to have gained power by any constitutional process of election or endorsement."

Körperschaften von den Vereinigten Staaten anerkannt. Auch im außeramerikanischen Bereich machten die USA vereinzelt die Anerkennung einer revolutionären Regierung von ihrer Verfassungsmäßigkeit abhängig, so im Falle der Einführung der Republik in Portugal im Jahre 1911[42] und in China 1912[43]. Der Wechsel in der Staatsform wurde in diesen Ländern von den Vereinigten Staaten erst anerkannt, nachdem sich die neue Staatsgewalt unter Zustimmung der Bevölkerung verfassungsmäßig organisiert hatte.

3. Die mittelamerikanischen Verträge

Am 15. 3. 1907 schrieb der damalige Außenminister Ecuadors *Tobar* an den bolivianischen Konsul in Brüssel jenen berühmten Brief[44], dessen Inhalt unter der Bezeichnung *Tobardoktrin* großen Einfluß auf die weitere Entwicklung der amerikanischen Anerkennungspraxis ausübte. In diesem Brief sprach sich der Außenminister dafür aus, durch die Weigerung, revolutionäre, im Widerspruch zur bestehenden Verfassungsordnung an die Macht gelangte Regierungen in den lateinamerikanischen Staaten anzuerkennen, deren Hang zu Revolutionen und Staatsstreichen zu dämpfen[45]. Den vorauszusehenden Einwand der verbotenen Einmischung versuchte *Tobar* mit dem Hinweis zu entkräften, daß nur die gewaltsame Einmischung eine völkerrechtswidrige Intervention darstelle. Die *Tobardoktrin* war der reinste Ausdruck des konstitutionellen Legalitätsprinzipes, ohne daß für die revolutionäre Regierung die Möglichkeit bestand, durch eine nachträgliche demokratische Legitimation „anerkennungsfähig" zu werden[46]. Demgegenüber enthielt der auf die *Tobardoktrin* zurückgehende und unter Vermittlung der Vereinigten Staaten und Mexikos zustande-

---

[42] Die amerikanische Anerkennung wurde zurückgehalten bis zur Wiederherstellung von „conditions showing that the freely expressed wish of the Portuguese people accepts and gives national sanction to the proclaimed republic" in *Hackworth* I S. 180; vgl. auch Staatssekretär *Knox* an den amerikanischen Geschäftsträger in Lissabon *Lorillard* vom 6. 1. 1911 in *Hackworth* I S. 292.

[43] Botschaft Präsident *Tafts* an den Kongreß vom 3. 12. 1912 in *Hackworth* I S. 180, 314.

[44] Abgedruckt in RGDIP XXI (1914) S. 482—85.

[45] Einen Vorläufer hat die *Tobardoktrin* in dem vom Kongreß von Panama 1825 ausgearbeiteten „Treaty of Perpetual Union, Alliance and Confederation", dessen Art. 29 lautete: „If any of the Parties should essentially change its present form of government, it shall thereby be excluded from the Confederation, and its government shall not be recognized, nor said Party readmitted to said Confederation except upon the unanimous vote of all the parties which may then constitute it." Dieses auf Anregung *Simon Bolivars* zustandegekommene Vertragswerk wurde jedoch von den lateinamerikanischen Staaten niemals ratifiziert. (*Thomas - Thomas* OAS S. 6 ff, 8; *Puente* S. 319).

[46] So richtig *Arechaga* S. 151 ff.; *Bieberstein* S. 42 Anm. 109, S. 46 Anm. 121; *Fenwick* in IAJY S. 26; *Sepulveda* S. 52.

B. Demokratische Legitimität und konstitutionelle Legalität 59

gekommene Washingtoner Vertrag von 1907 zwischen den mittelamerikanischen Republiken Costa Ria, Guatemala, Honduras, Nicaragua und Salvador nur die Verpflichtung, de facto Regierungen so lange nicht anzuerkennen „as the freely elected representatives of the people thereof have not constitutionally reorganized the country"[47], was praktisch eine Verbindung der beiden Prinzipien war. Die Vereinigten Staaten, obgleich nicht Vertragspartner, machten die Bestimmungen des Washingtoner Vertrages zur Grundlage ihrer eigenen Anerkennungspolitik gegenüber Mittelamerika. Im Jahre 1909 brachen sie die Beziehungen zu Nicaragua ab und stellten für die Wiederaufnahme der diplomatischen Beziehungen die Bedingung, daß im Lande eine auf freien Wahlen gegründete verfassungsmäßige Ordnung wiederhergestellt werde[48].

Der berühmteste Fall der Nichtanerkennung einer de facto Regierung durch die Vereinigten Staaten auf Grund des Vertrages von 1907 war der der Regierung *Tinoco* in Costa Rica 1917. *Tinoco*, Kriegsminister der verfassungsmäßigen Regierung des Landes hatte dieselbe im Januar 1917 gestürzt und sich selbst zum vorläufigen Präsidenten der Republik gemacht. Obwohl seine Amtsübernahme von der Bevölkerung in Wahlen bestätigt wurde und eine gewählte verfassunggebende Versammlung im Juni 1917 eine neue Verfassung annahm[49], weigerten sich die Vereinigten Staaten unter Berufung auf den Washingtoner Vertrag seine Regierung anzuerkennen[50]. Sie stellten sich damit in Gegensatz zu den mittelamerikanischen Unterzeichnerstaaten, die die Regierung *Tinoco* nach ihrer verfassungsmäßigen Konstituierung anerkannten[51]. Nicht zu Unrecht warf *Tinoco* in einer Note den USA vor, das Recht auf Revolution, dem sie ihre eigene Staatlichkeit verdankten, anderen Völkern vorzuenthalten[52].

---

[47] Art. I of the Additional Convention to the General Treaty of Peace and Amity of Dec. 20 1907 in AJIL 2 (1908) Suppl. S. 229—30.
[48] Vgl. Instruktionen des amtierenden Staatssekretärs *Adee* für den amerikanischen Vertreter in Nicaragua *Dawson* v. 11. 10. 1910 in *Hackworth* I S. 187; vgl. auch die Instruktionen des amtierenden Staatssekretärs *Wilson* für den amerikanischen Gesandten in Nicaragua *Weitzel* v. 4. 9. 1912 in *Hackworth* I S. 187—88.
[49] Siehe Arbitration between Great Britain and Costa Rica, Opinion and Award of William H. *Taft*, Washington 18. 10. 1923 in AJIL 18 (1924) S. 147—174 (151).
[50] Instruktionen Staatssekretär *Lansings* für den amerikanischen Gesandten in Costa Rica *Hall* vom 9. 2. 1917 in *Hackworth* I S. 234; derselbe an den amerikanischen Gesandten *Hall* am 17. 2. 1917 in *Hackworth* I S. 234—235.
[51] Vgl. Hinweis im Schreiben des persönlichen Vertreters *Tinocos* in Washington *Guardia* an den amerikanischen Staatssekretär *Lansing* vom 4. 7. 1917 in *Hackworth* I S. 235; dsgl. *Taft* in seinem Schiedsspruch in AJIL 18 (1924) S. 155.
[52] Schreiben des persönlichen Vertreters *Tinocos* in Washington *Guardia* an Staatssekretär *Lansing* v. 4. 7. 1917 in *Hackworth* I S. 235.

3. Kap.: Das demokratische Legitimitätsprinzip im Völkerrecht

Auch nach dem Sturz *Tinocos* im August 1919 verweigerten die USA dessen vom Kongreß in Costa Rica bestellten Nachfolger die diplomatische Anerkennung[53]. Erst, nachdem von einer durch die US-Regierung bestimmten Persönlichkeit Neuwahlen abgehalten worden waren[54], anerkannten die Vereinigten Staaten im August 1920 eine neue Regierung in Costa Rica[55]. Die gegenüber Costa Rica verfolgte Politik war eine Vorwegnahme des von den Partnern des Vertrages von 1907 am 7. 2. 1923 in Washington geschlossenen zweiten mittelamerikanischen Freundschaftsvertrages[56]. Nach einer Wiederholung der Grundsätze des Vertrages von 1907, wonach jeder Umsturz in einer der mittelamerikanischen Republiken eine Bedrohung des Friedens darstelle[57] und deshalb keine de facto Regierung anerkannt werden dürfe, so lange sie nicht von der Bevölkerung auf verfassungsmäßigem Wege bestätigt sei[58], folgt eine Aufzählung der Personen, die auch nach der verfassungsmäßigen Reorganisation des Landes weder das Amt des Präsidenten, noch das des Vizepräsidenten bekleiden dürfen, wenn die neue Regierung von den Vertragspartnern anerkannt werden soll[59]. Damit nähert sich der Vertrag von 1923 der *Tobardoktrin*. Die noch im Vertrag von 1907 un-

---

[53] Staatssekretär *Lansing* an den Gesandten *Jones* v. 27. 8. 1919; der gleiche an den amerikanischen Konsul in San José *Chase* vom 30. 8. 1919 in *Hackworth* I S. 237.

[54] Siehe Wortlaut der Instruktionen *Lansings* für den amerikanischen Konsul in San José *Chase* vom 30. 8. 1919 in *Hackworth* I S. 237:

„The governmental power should be deposited in the hands of Francisco Borquero, successor to the executive power under the Alfredo Gonzalez regime. Borquero should hold free and open elections for president at earliest possible date. Were this done, it would appear that the necessary legal formalities had been complied with to constitute a legitimate government worthy of recognition by the Government of the United States."

[55] *Hackworth* I S. 237.

[56] General Treaty of Peace and Amity, signed at the conference on Central American Affairs, Washington Febr. 7 1923 in AJIL 17 (1923) Suppl. S. 117—122.

[57] Vgl. den Wortlaut von Art. II des Vertrages von 1907 in AJIL 2 (1908) Suppl. S. 220—21 mit dem ersten Absatz von Art. II des Vertrages von 1923 in AJIL 17 (1923) Suppl. S. 118.

[58] Vgl. den Wortlaut von Art. I der Zusatzkonvention zum Vertrag von 1907 in AJIL II (1908) Suppl. S. 229—30 mit dem zweiten Absatz von Art. II des Vertrages von 1923 in AJIL 17 (1923) Suppl. S. 118.

[59] Art. II des Vertrages von 1923 in AJIL 17 (1923) Suppl. S. 118—19: „And even in such a case they obligate themselves not to ackknowledge the recognition if any of the persons elected as President, Vice-President or Chief of State designate should fell under any of the following heads:

1. If he should be the leader or one of the leaders of a coup d'etat or revolution, or through blood relationship or marriage, be an ascendant or descendant or brother of such leader or leaders.

2. If he should have been an Secretary of State or should have held some high military command during the accomplishment of the coup d'etat, the revolution, or while the election was being carried on, or if he should

B. Demokratische Legitimität und konstitutionelle Legalität 61

eingeschränkt mögliche Legalisierung der revolutionären Regierung durch die nachträgliche demokratische Legitimation ist hier stark eingeschränkt, so daß der Vertrag eher dem konstitutionellen Legalitätsprinzip als dem demokratischen Legitimitätsprinzip zuzurechnen ist. Der Fehler des dynastischen Legitimitätsprinzipes, daß es keine Möglichkeit offen ließ, unhaltbare Zustände auf revolutionärem Wege zu beseitigen[60], ist bis zu einem gewissen Grade auch für die *Tobardoktrin* und den zweiten mittelamerikanischen Vertrag kennzeichnend, auch wenn beide kein völkerrechtliches Verbot der Revolution, sondern nur die Nichtanerkennung ihrer Ergebnisse durchzusetzen suchten. Die Vereinigten Staaten, obgleich nicht zu den Unterzeichnerstaaten gehörend, machten die Bestimmungen des Vertrages von 1923 zu einem Bestandteil ihrer Politik gegenüber den mittelamerikanischen Republiken[61]. Als im Jahre 1923 die Regierung *Gutierrez* in Honduras über die von der Verfassung vorgesehene Zeit hinaus im Amt blieb, entzogen ihr die Vereinigten Staaten die Anerkennung[62] und erzwangen Neuwahlen[63]. Der gleiche Vorgang wiederholte sich bei den Staatsstreichen der Generale *Chamorro* in Nicaragua[64] und *Orellana* in Guatemala[65] in den Jahren 1926 und 1930. Sowohl *Chamorro* selbst als auch dem von ihm eingesetzten Nachfolger wurde die amerikanische Anerkennung vorenthalten[66]. *Orellana*, dessen Machtübernahme vom Kongreß in Guatemala bestätigt worden war, mußte nach kurzer Zeit einem gleichfalls vom Kongreß in Übereinstimmung mit der bestehenden Verfassung gewählten Nachfolger Platz machen[67]. Den Erfolg des Vertrages bestätigte Staatssekretär *Stimson* in einer Rede am

---

have held this office or command within six months preceding the coup d'etat, revolution, or the election.
Furthermore, in no case shall recognition be accorded to a government which arises from election to power of a citizen expressly and unquestionably disqualified by the Constitution of his country as eligible to election as President, Vice-President or Chief of State designate."

[60] *Brockhaus* S. 26.
[61] Instruktionen Staatssekretär *Hughes'* für den amerikanischen Gesandten in Honduras *Morales* v. 30. 6. und 14. 7. 1923 in *Hackworth* I S. 189—90.
[62] Instruktionen Staatssekretär *Hughes'* für den amerikanischen Gesandten in Honduras *Morales* v. 9. 2. 1924 in *Hackworth* I S. 255.
[63] Instruktionen Staatssekretär *Hughes'* für den persönlichen Vertreter Präsident *Coolidges* in Honduras v. 10. 4. 1924 in *Hackworth* I S. 255—256.
[64] *Hackworth* I S. 265—66.
[65] *Hackworth* I S. 247.
[66] Staatssekretär *Kellogg* an die Gesandtschaften von Guatemala, El Salvador, Honduras und Costa Rica am 7. 1. 1926 in *Hackworth* I S. 266; Instruktionen des amtierenden Staatssekretärs *Grew* für den amerikanischen Gesandten in Nicaragua *Eberhardt* v. 11. 3. 1926 in *Hackworth* I S. 267; Instruktionen Staatssekretär *Kelloggs* für den amerikanischen Geschäftsträger *Dennis* v. 3. 11. 1926 in *Hackworth* I S. 267.
[67] *Hackworth* I S. 247—48.

6. 2. 1931[68]: „Since the adotpion by Secretary Hughes, in 1923, of the policy of recognition agreed upon by the five republics in their convention, not one single revolutionary government has been able to maintain itself in those five republics..... Several times within the same period a contemplated revolution has been abandoned by its conspirators on the simple reminder by a minister from this country or one of the other republics that, even if they were successful, their government would not be recognized; and undoubtedly in many more cases has the knowledge of the existence of the policy prevented even the preparation for a revolution or a coup d'etat."

Nur ein Jahr später war diese Politik zusammengebrochen. Als die Vereinigten Staaten die im Dezember 1931 durch einen Staatsstreich an die Macht gekommene Regierung *Martinez* in Salvador auch nach ihrer Wahl durch die gesetzgebende Versammlung nicht anerkannten[69], kündigten Costa Rica und Salvador den Vertrag von 1923[70]. Nach Wirksamwerden der Kündigung erhielt die neue Regierung die Anerkennung aller mittelamerikanischen Republiken[71], denen sich die USA einen Tag später anschlossen[72]. Der Vertrag von 1923 wurde noch im gleichen Jahr durch einen neuen Freundschaftsvertrag zwischen den mittelamerikanischen Staaten ersetzt, dessen Art. VII lautete: „The contracting parties declare their absolute respect for the provisions of their respective political constitutions und recognize what is provided therein as the only legal form of transmission of the public authority. Express recognition of the government is unnecessary, but each country may interrupt diplomatic communication in case the order of transmission of authority is altered by revolutionary movement and the new situation has not been legalized by its own constitutional means"[73]. Damit war die strenge Nichtanerkennungspolitik gegenüber revolutionären Regierungen fallen gelassen worden.

Die Vereinigten Staaten haben in jüngster Zeit wiederholt de facto Regierungen in Mittelamerika anerkannt, ohne deren demokratische Legitimation abzuwarten[74], so beispielsweise das Regime des Obersten

---

[68] Secretary of State *Stimson* in his address before the Council on Foreign Relations New York, Febr. 6, 1931 in *Hackworth* Proceedings S. 127 ff.
[69] Instruktionen Staatssekretär *Stimsons* für die diplomatischen Vertreter in Guatemala, Honduras, Nicaragua und Costa Rica v. 20. 12. 1931 in *Hackworth* I S. 278; der gleiche an den amerikanischen Geschäftsträger in El Salvador am 13. 1. 1932 in *Hackworth* I S. 279.
[70] *Hackworth* I S. 279, s. auch B. *Williams* S. 69.
[71] *Hackworth* I S. 279.
[72] Instruktionen Staatssekretär *Hulls* für den amerikanischen Geschäftsträger in El Salvador v. 26. 1. 1934 in *Hackworth* I S. 280.
[73] Central American Treaty of Peace and Friendship v. 12. 4. 1934, zitiert nach *Puente* S. 325.
[74] S. dazu *Whiteman* II S. 279—83, 295, 300—301, 304—5.

B. Demokratische Legitimität und konstitutionelle Legalität

Armas in Guatemala[75], der im Jahre 1954 mit Unterstützung der United Fruit Company den gewählten Präsidenten *Arbenz* gestürzt hatte[76]. Im Jahre 1963 anerkannte die amerikanische Regierung ohne Zögern die aus dem Staatsstreich gegen Präsident *Fuentes* hervorgegangene Militärdiktatur *Peralta* in Guatemala[77]. Wohl wandte sich das State Department aus Anlaß der Staatsstreiche in der Dominikanischen Republik[78] und Honduras im Jahre 1963[79] in einer Erklärung gegen die illegale Machtübernahme durch Militärjunten und brach die Beziehungen zu beiden Ländern ab[80], nahm dieselben jedoch bereits zwei Monate später auf das bloße Versprechen freier Wahlen hin wieder auf[81].

4. Die Wilsondoktrin

Die *Wilsondoktrin* bezeichnet den Versuch Präsident *Wilsons* die amerikanische Politik der Nichtanerkennung unkonstitutioneller Regierungen über den engen mittelamerikanischen Bereich hinaus in Anwendung zu bringen. Die Grundlage dafür bildete eine Erklärung *Wilsons* wenige Tage nach seinem Amtsantritt, in der er die amerikanische Politik gegenüber Lateinamerika wie folgt umriß: „Cooperation is possible only when supported at every turn by the orderly process of just government based upon law, not upon arbitrary or irregular force. We hold .... that just government rests always upon the consent of the governed.... We shall lend our influence of every kind to the realization of these principles in fact and practice. We can have no sympathy with those who seek to seize the power of government to advance their own personal interests or ambition"[82]. Gerichtet war diese Warnung an Mexiko, wo nach dem Sturz des seit 1884 erfolgreich regierenden Präsidenten Porfirio *Diaz* unter Mithilfe privater amerikanischer Kreise[83] im Jahre 1911 und der Ermordung seines Hauptgegners und Nachfolgers im Amt des Präsidenten, *Madero*, General *Huerta* die Regierung an sich gerissen hatte[84]. Die Vereinigten Staaten machten eine Anerkennung seiner Regierung von der Abhaltung freier Wahlen und der Zusicherung, daß er für diese Wahlen nicht als Präsidentschaftskandidat nominiert werde, abhän-

---
[75] AdG 1954 S. 4626 D; *Whiteman* II S. 284—85.
[76] AdG 1954 S. 4590 B, 4602 F, 4611 B, 4797 G.
[77] AdG 1963 S. 10524 C.
[78] AdG 1963 S. 10822 B.
[79] AdG 1963 S. 10845 C.
[80] AdG 1963 S. 10845 C (10846); *Whiteman* II S. 73.
[81] AdG 1963 S. 10962 B.
[82] Text der vollständigen Erklärung in AJIL 7 (1913) S. 331.
[83] So *Edmunds* S. 128; editorial comment in AJIL 6 (1912) S. 476.
[84] Zu den Ereignissen in Mexiko s. editorial comments in AJIL 5 (1911) S. 714—716, AJIL 6 (1912) S. 475—478, AJIL 7 (1913) S. 832—36, AJIL 8 (1914) S. 579—85, S. 860—64; *Edmunds* S. 28 ff.; *Hyde* I S. 167 Anm. 21.

gig[85]. Nach der Ablehnung dieser Vorschläge[86] boten sie ihren ganzen Einfluß auf, das Regime *Huerta* zu stürzen, was ihnen schließlich im Juli 1914 gelang[87]. Der erfolgreiche Gegenspieler Huertas, General *Carranza*, wurde daraufhin 1915 von den USA de facto anerkannt[88], nachdem sie ihn bereits zuvor materiell unterstützt hatten[89]. Ob das Unvermögen *Carranzas*, das Land zu pazifizieren oder die Nationalisierung der mexikanischen Ölfelder die USA davon abhielten, der de facto Anerkennung die de jure Anerkennung folgen zu lassen, ist nicht eindeutig zu klären; doch waren es allein wirtschaftliche Erwägungen, die Amerika veranlaßten, dem im Jahre 1920 gewählten Präsidenten *Obregon* die Anerkennung zu verweigern[90]. Erst, nachdem *Obregon* den Vereinigten Staaten in der Frage der Entschädigung für das während der Revolution zerstörte amerikanische Eigentum weitgehend entgegengekommen war und auf die Nationalisierung aller vor Inkrafttreten der Verfassung im Jahre 1917 in privater amerikanischer Hand befindlichen Bodenschätze verzichtet hatte[91], anerkannten sie die neue mexikanische Regierung und unterstützten dieselbe gegen die bald darauf ausbrechenden Aufstände[92]. Außer gegenüber Mexiko wurde die *Wilsondoktrin* auch gegenüber den versuchten Revolutionen in der Dominikanischen Republik 1913[93], in Ecuador im gleichen Jahr[94] und in

---

[85] Instruktionen Präsident *Wilsons* für seinen persönlichen Vertreter in Mexiko *Lind* in *Hackworth* I S. 182.

[86] Die Antwort des mexikanischen Außenministers ist abgedruckt in AJIL 7 (1913) Suppl. S. 284—92.

[87] Staatssekretär *Bryan* an den Geschäftsträger *O'Shaughnessy* am 24.11. 1913 in *Hyde* I S. 167 Anm. 21: „It is the purpose of the United States therefore to discredit and defeat such usurpations whenever they occur. The present policy of the Government of the United States is to isolate General Huerta entirely; to cut him off from foreign sympathy and aid and from domestic credit, whether moral or material, and to force him out."
S. auch den Auszug aus der Botschaft Präsident *Wilsons* an den Kongreß vom 2.12.1913 in *Kunz* in *Stier - Somlo* S. 148 Anm. 13.

[88] Instruktionen Staatssekretär *Lansings* für den amerikanischen Agenten bei der Regierung *Carranza* vom 19.10.1915 in *Hackworth* I S. 260; s. auch *Finch* a.a.O.

[89] In seiner Botschaft an den Kongreß v. 27.8.1913 in AJIL 7 (1913) Suppl. S. 279—84 hatte *Wilson* ein Waffenembargo über Mexiko verhängt, das er am 3.2.1914 wieder aufhob und damit *Carranza*, der die besseren technischen Möglichkeiten besaß, in die Lage versetzte, Kriegsmaterial einzuführen (Hyde S. 168 Anm. 21).

[90] *Edmunds* S. 131—32; *Hackworth* I S. 261—62; vgl. besonders die Instruktionen für die amerikanischen Mitglieder der gemischten mexikanisch-amerikanischen Kommission in *Hackworth* I S. 262.

[91] Memorandum des Rechtsberaters *Hackworth* für den Unterstaatssekretär *Moore* v. 28.10.1933 in *Whiteman* II S. 122.

[92] *Edmunds* S. 133 Anm. 16; *Hackworth* I S. 263.

[93] Instruktionen Staatssekretär *Bryans* für den amerikanischen Gesandten *Sullivan* v. 9.9.1913 in *Hackworth* I S. 183.

[94] Instruktionen Staatssekretär Bryans für den amerikanischen Gesandten in Ecuador v. 18.12.1913 in *Hackworth* I S. 183.

B. Demokratische Legitimität und konstitutionelle Legalität

Kuba 1917[95] angewandt. Die Drohung, einen revolutionären Machtwechsel nicht anzuerkennen, genügte in diesen Ländern, den Sturz der verfassungsmäßigen Regierung zu verhindern.

Ein weiteres Beispiel für die schon bei den mexikanischen Wirren zu beobachtende unglückliche Verquickung macht- und wirtschaftspolitischer Zielsetzungen mit der Ausbreitung demokratischer Ideale in der Anerkennungspolitik durch Präsident *Wilson*, bietet Haiti. Wiederholt machten die Vereinigten Staaten die Anerkennung der schnell aufeinanderfolgenden revolutionären Regierungen auf dieser Insel in den Jahren 1914 und 1915 neben ihrer Verfassungsmäßigkeit von der Einräumung eines weitgehenden Mitspracherechtes bei der Ordnung der Staatsfinanzen abhängig, wodurch die Wirtschaft des Landes praktisch amerikanischer Kontrolle unterworfen wurde[96]. Aber auch unter Präsident *Wilson* war die amerikanische Anerkennungspolitik nicht frei von Widersprüchen. Während bei der Anerkennung der aus Staatsstreichen hervorgegangenen Regierungen in Peru 1914[97] und 1919[98] die „Konstitutionalität" keine und die demokratische Legitimation nur in der Form der Hinnahme des Herrschaftswechsels durch die gewaltunterworfene Bevölkerung eine Rolle spielte, bestanden die Vereinigten Staaten auf der Erfüllung dieser Voraussetzungen vor der Anerkennung der Regierung *Paes* in Portugal 1917[99] und ebenso vor der Anerkennung der 1920 durch einen Staatsstreich an die Macht gelangten Regierung *Saavedra* in Bolivien[100]. In beiden Fällen wurde

---

[95] Instruktionen Staatssekretär *Lansings* für den amerikanischen Gesandten in Kuba v. 13. 2. 1917 in *Hackworth* I S. 184.

[96] Instruktionen Staatssekretär *Bryans* für den amerikanischen Gesandten in Haiti v. 26. 2. 1914 betreffend die Anerkennung der Regierung *Zamor* in *Hackworth* I S. 134; der gleiche am 1. 3. 1914 in *Hackworth* I S. 250; Instruktionen Staatssekretär *Bryans* für den amerikanischen Gesandten *Bailly-Blanchard* v. 12. 12. 1914 betreffend die Anerkennung der Regierung *Thédore* in *Hackworth* I S. 251; Instruktionen Staatssekretär *Lansings* für den amerikanischen Geschäftsträger auf Haiti *Davis* v. 10. 8. 1915 betreffend die Anerkennung der Regierung *Dartiguenave* in *Hackworth* I S. 252: „In order that no misunderstanding can possibly occur after election, it should be made perfectly clear to candidates as soon as possible and in advance of their election, that the United States expects to be entrusted with the practical control of the customs, and such financial control over the affairs of the Republic of Haiti as the United States may deem necessary for an efficient administration. The Government of the United States considers it its duty to support a constitutional government....".

[97] Instruktionen Staatssekretär *Bryans* für den amerikanischen Gesandten in Peru v. 12. 2. 1914 in *Hackworth* I S. 274.

[98] Instruktionen des State Department v. 28. 8. 1919 und die entsprechenden Berichte des amerikanischen Gesandten v. 9. u. 26. 8. 1919 in *Hackworth* I S. 275.

[99] Instruktionen Staatssekretär *Lansings* für den amerikanischen Gesandten in Portugal *Birch* v. 24. 12. 1917 in *Hackworth* I S. 293.

[100] Telegramm des State Department an die amerikanischen Vertretungen in Brasilien und Argentinien v. 31. 1. 1921 in *Hackworth* I S. 225.

der revolutionäre Wechsel der Staatsgewalt von den Vereinigten Staaten erst nach der Wahl des Präsidenten in Übereinstimmung mit den Regeln der Verfassung anerkannt, die in Bolivien zuvor von einer gewählten Versammlung abgeändert und ergänzt worden war[101]. Wilsons Nachfolger im Amt des Präsidenten, *Coolidge*, setzte die Politik seines Vorgängers fort. In einer Rede v. 25. 4. 1927 erklärte er, „that a Latin-American, and more specially a Central-American Government would not be recognized, no matter how de facto its control of the country, unless it had come to power through constitutional means"[102].

Opfer dieser Politik war besonders die 1925 in Ecuador an die Macht gelangte Militärjunta unter *Gomez de la Torre*. Sowohl ihr, als auch dem nachfolgenden Präsidenten *Ayora* wurde die Anerkennung von der amerikanischen Regierung verweigert[103]. Erst unter Präsident *Hoover* ließen die Vereinigten Staaten das Erfordernis der demokratischen Verfassungsmäßigkeit als Voraussetzung für die Anerkennung revolutionärer Regierungen in Lateinamerika fallen[104], eine Ausnahme

---

[101] Vgl. oben S. 66 Anm. 1 — Die de facto Anerkennung der Regierung *Saavedra* durch die USA erfolgte bereits nach der Wahl der verfassungsgebenden Versammlung — Instruktionen für den amerikanischen Gesandten in Bolivien v. 9. 12. 1920 in *Hackworth* I S. 224.

[102] Rede, gehalten vor der Press-Association in New York, zitiert nach *Kunz* in *Stier - Somlo* S. 151.

[103] Instruktionen Staatssekretär *Kelloggs* v. 29. 7. 1925 für den amerikanischen Gesandten in Ecuador in *Hackworth* I S. 244; zum gleichen Problem Schreiben Staatssekretär *Kelloggs* an den amerikanischen Botschafter in Peru v. 12. 8. 1925 in *Hackworth* I S. 244. Die Regierung *Ayora* wurde erst zweieinhalb Jahre nach ihrer Amtseinführung von den Vereinigten Staaten anerkannt; vgl. dazu die Instruktionen Staatssekretär *Kelloggs* für den amerikanischen Gesandten in Ecuador v. 13. 8. 1928 in *Hackworth* I S. 245.

[104] Secretary of State *Stimson* in his address before the Council on Foreign Relations, New York 6. Febr. 1931 in *Hackworth* I S. 185.
Vgl. dazu die Anerkennung der Regierung *Uriburu* in Argentinien durch die Vereinigten Staaten am 18. 9. 1930 in *Hackworth* I S. 123 und die dazu abgegebene Erklärung des State Department v. 17. 9. 1930: „In reaching the conclusion to accord recognition ... the evidence has satisfied me that these provisional governments are de facto in control of their respective countries and that there is no active resistance to their rule. Each of the present governments has also made it clear that it is its intention to fulfill its respective international obligations and to hold, in due course, elections to regularize its status." Ebenso Anerkennung der Regierung *Vargas* in Brasilien 1930 auf das bloße Versprechen einer freie Wahlen garantierenden Wahlrechtsreform hin in *Hackworth* I S. 229; Empfehlungen des amerikanischen Botschafters in Lima für die Anerkennung der *Cerro-Junta* vom 13. 9. 1930 in *Hackworth* I S. 276; Anerkennung der Regierung *Oyanedel* in Chile 1932 in *Hackworth* I S. 32—33; Anerkennung der Regierung *Franco* in Paraguay 1936 in *Hackworth* I S. 175, 270—71; Anerkennung der Regierung *Busch* in Bolivien 1937 in *Hackworth* I S. 227—28; Anerkennung der Regierung *Enriquez* in Ecuador 1937 in *Hackworth* I S. 246.
Eine Ausnahme hiervon bildete die Nichtanerkennung der Regierung *Grau San Martin* auf Kuba 1933 — Department of State Press Release vom 24. 11. 1933 in *Hackworth* I S. 239.

B. Demokratische Legitimität und konstitutionelle Legalität

hiervon bildeten nur die Unterzeichnerstaaten des mittelamerikanischen Vertrages von 1923.

Nach dem Sturz Präsident *Irigoyens* von Argentinien, der nach *Puente* ein enragierter Verfechter des demokratischen Legitimitätsprinzipes auch gegenüber den nach dem ersten Weltkrieg neu entstandenen europäischen Staaten war[105], formierte sich der Widerstand gegen die mit dieser Politik verbundenen Einmischung in die inneren Angelegenheiten auch in Südamerika. Ausdruck fand diese Stimmung in einer Erklärung des mexikanischen Außenministers *Estrada* vom 27. 9. 1930[106], in der er für sein Land das Rechtsinstitut der Anerkennung von Regierungen als unvereinbar mit der Souveränität eines Staates verwarf. Als auf der interamerikanischen Konferenz über Probleme des Krieges und des Friedens in Mexiko 1945 die guatemaltekische Delegation den Vorschlag unterbreitete, die amerikanischen Regierungen sollten künftig undemokratischen Regimen auf dem amerikanischen Kontinent die Anerkennung verweigern, wurde diese Empfehlung von dem Inter-American Juridical Committee mit der Begründung abgelehnt, daß es unmöglich sei, den antidemokratischen Charakter einer Regierung festzustellen, ohne das Prinzip der Nichtintervention zu verletzen[107]. Einzig bei einer vermuteten Einflußnahme der Achsenmächte wurde der revolutionären de facto Regierung für die Dauer des Krieges die Anerkennung vorenthalten[108]. Nach dem zweiten Weltkrieg haben die Vereinigten Staaten, soweit es überhaupt zu einer längeren Unterbrechung der Beziehungen infolge eines Staatsstreiches in einem lateinamerikanischen Lande kam[109], diese regelmäßig nach der Ankündigung von Wahlen wieder aufgenommen,

---

[105] *Puente* S. 321—22.
[106] Declaration of Senor Don Genaro *Estrada*, Secretary of Foreign Relations of Mexico, published in the Press on September 27, 1930, relating to the express recognition of governments in AJIL 25 (1931) Suppl. S. 203, *Whiteman* II S. 85—86.
[107] *Fenwick* in IAJY S. 31; derselbe in AJIL 42 (1948) S. 864.
[108] Vgl. die 1943 in Montevideo gefaßte Entschließung des Emergency Advisory Committee for Political Defense bei *Fenwick* in IAJY S. 30; Nichtanerkennung des *Farrell*-Regimes in Argentinien durch die Vereinigten Staaten und die anderen amerikanischen Republiken in *Whiteman* II S. 245—253; dsgl. Nichtanerkennung der am 20. 12. 1943 durch einen Staatsstreich an die Macht gelangten Regierung *Villarvel* in Bolivien bis zum 23. 6. 1944, *Whiteman* II S. 257—60.
[109] Vgl. demgegenüber die Anerkennung der aus einem Staatsstreich der Armee am 13. 6. 1953 (AdG 53 S. 4036 F) hervorgegangenen Regierung *Rojas Pinilla* in Kolumbien am 18. 6. 1953 (*Whiteman* II S. 265); Anerkennung der nach dem Sturz *Pinillas* am 10. 5. 1957 gebildeten Junta am 17. 5. 1957 (*Whiteman* II S. 265—66); Anerkennung der nach dem Sturz *Batistas* am 1. 1. 1959 gebildeten Regierung *Urrutia* auf Kuba am 7. 1. 1959 (*Whiteman* II S. 268—69; s. auch Glückwunschtelegramm Präsident *Johnsons* an den brasilianischen Interimspräsidenten *Mazzili* nach der Absetzung Staatspräsident *Goularts* durch das Militär am 2. 4. 1964 in AdG 1964 S. 11172 f.

ohne das Ergebnis oder die faire Durchführung derselben abzuwarten[110], in der Hoffnung — so Staatssekretär *Acheson*[111] — dadurch besser im Sinne einer Demokratisierung auf diese Regime einwirken zu können. Sie folgten damit zugleich einer entsprechenden Empfehlung der Konferenz amerikanischer Staaten aus dem Jahre 1948[112]. Ausgenommen sind Regierungen kommunistischer Observanz, da sie keine Gewähr für eine Erfüllung der von den lateinamerikanischen Staaten übernommenen Verpflichtungen zur Bekämpfung des Kommunismus in der westlichen Hemisphäre bieten[113]. Die legitimistische Tendenz in der amerikanischen Anerkennungspolitik gegenüber Lateinamerika verstärkte sich erst wieder in der Amtszeit Präsident *Kennedys*. Nach den Staatsstreichen in Peru im Jahre 1962[114], sowie in der Dominikanischen Republik und Honduras im Jahre darauf[115], stellten die Vereinigten Staaten die Wirtschafts- und Militärhilfe für diese Länder ein, um ihrer Forderung nach Rückkehr zur verfassungsmäßigen Regierungsform Nachdruck zu verleihen[116]. Sie verzichteten jedoch auch

---

[110] Amerikanische Note zur Anerkennung der nach dem Sturz Präsident *Gallegos* von Venezuela am 24. 11. 1948 (AdG 48 S. 1715 B) gebildeten Militärjunta v. 21. 1. 1949 in *Whiteman* II S. 317; Anerkennung der nach dem Sturz Präsident *Estimés* von Haiti am 10. 5. 1950 gebildeten Militärjunta durch die USA am 5. 6. 1950 in *Whiteman* II S. 288; Anerkennung der nach dem Rücktritt von Präsident *Jimenez* am 23. 1. 1958 (AdG 58 S. 6865 E) gebildeten Junta durch die USA am 28. 1. 1958 in *Whiteman* II S. 319—20; Erklärung des State Department zur Wiederaufnahme der nach dem Staatsstreich in Peru am 18. 7. 1962 (AdG S. 9993 A, *Whiteman* II S. 310—11) abgebrochenen diplomatischen Beziehungen v. 17. 8. 1962 in AdG 62 S. 10040 D, *Whiteman* II S. 311—12, und Protest des peruanischen Außenministeriums v. 18. 8. 1962 in AdG 62 S. 10040 D; Wiederaufnahme der nach dem Sturz Präsident *Arosemenas* von Ecuador am 11. 7. 1963 (AdG 63 S. 10699 D) abgebrochenen Beziehungen am 31. 7. 1963 in *Whiteman* II S. 74; Wiederaufnahme der nach dem Sturz Präsident *Estenssoros* am 10. 11. 1964 (AdG 1964 S. 11521 C) unterbrochenen Beziehungen zu Bolivien durch die USA am 7. 12. 1964 in AdG 64 S. 11580 B; Wiederaufnahme der nach dem Sturz Präsident *Illias* am 27. 6. 1966 (AdG 66 S. 12601 E) unterbrochenen Beziehungen zu Argentinien durch die USA am 15. 7. 1966 in AdG 66 S. 12601 E. Ohne ein solches Versprechen abgegeben zu haben, wurden die Militärjunten der Generale *Odria* in Peru (21. 11. 1948 *Whiteman* II S. 309) und *Rojas* in Bolivien (7. 6. 1951 *Whiteman* II S. 261—62) und die Regierungen *Estenssoro* in Bolivien (2. 6. 1952 *Whiteman* II S. 262) und *Batista* auf Kuba (27. 3. 1952 *Whiteman* II S. 266—68) anerkannt.

[111] Staatssekretär *Acheson* in einer Rede vor der Pan-American-Society in New York am 19. 9. 1949 in *Whiteman* II S. 4—5.

[112] *Whiteman* II S. 257—60.

[113] Resolution XCIII, Declaration of Solidarity for the Preservation of the Political Integrity of the American States against the Intervention of International Communism, Tenth Inter-American Conference, Caracas, Venezuela March 1—28 1954; und dazu die Erläuterungen des amtierenden Staatssekretärs *Herter* in einem Telegramm an die amerikanische Botschaft in Paris v. 29. 1. 1958 in *Whiteman* II S. 89—90.

[114] AdG 1962 S. 9993.

[115] AdG 1963 S. 10822 B, 10845 C.

[116] *Krakau* S. 443 ff.

B. Demokratische Legitimität und konstitutionelle Legalität 69

in diesen Fällen auf die Wiederherstellung der verfassungsmäßigen Ordnung als Voraussetzung für die Anerkennung der neuen Regierungen und begnügten sich stattdessen mit dem Versprechen der Militärjunten freie Wahlen abzuhalten und deren Ergebnis zu respektieren[117], so daß von einer Rückkehr zum Konstitutionalismus Wilsonscher Prägung nicht gesprochen werden kann.

Einzig Venezuela scheint in jüngster Zeit die demokratische Verfassungsmäßigkeit zur unabdingbaren Voraussetzung für die Anerkennung einer Regierung in Lateinamerika zu machen[118].

5. Die amerikanische Haltung zur Anerkennung kommunistischer Regierungen

Die Sowjetunion wurde von den Vereinigten Staaten erst 16 Jahre nach der Oktoberrevolution anerkannt[119]. Dies hatte seinen Grund jedoch weniger in der fehlenden demokratischen Legitimation[120], als vielmehr in der Weigerung der Sowjetunion, die Auslandsverpflichtungen der zaristischen Regierung zu übernehmen und ihrer Propagierung der Weltrevolution[121].

---

[117] Erklärung des State Department v. 17. 8. 1962 über die Wiederaufnahme der diplomatischen Beziehungen zu Peru in AdG 1962 S. 10040 D, *Whiteman* S. 311—12; Zur Wiederaufnahme der Beziehungen zur Dominikanischen Republik und Honduras vgl. AdG 1963 S. 10962 B.

[118] Abbruch der Beziehungen zu Peru nach dem Staatsstreich v. Juli 1962 in AdG S. 9993 A, desgleichen zu Bolivien nach dem Sturz Präsident *Estenssoros* am 4. 11. 1964 in AdG 64 S. 11521 C, ebenso zu Brasilien nach dem Sturz Präsident *Goularts* am 2. 4. 1964 in AdG 1964 S. 11172 E und Argentinien nach dem Sturz Präsident *Frondizis* am 7. 4. 1962 (AdG 62 S. 9799 B) und wieder nach dem Staatsstreich des General *Ongania* am 27. 6. 1966 in AdG 66 S. 12601 E.

[119] Die Anerkennung erfolgte im Rahmen eines Briefwechsels zwischen dem Präsidenten der Vereinigten Staaten *Roosevelt* und dem Volkskommissar für Auswärtige Angelegenheiten der UdSSR *Litvinov* v. 16. 11. 1933 abgedruckt in ZfaÖRVR 4 (1934) S. 83—92.

[120] Den nicht repräsentativen Charakter der sowjetischen Regierung erwähnte Unterstaatssekretär *Colby* in einem Brief an den italienischen Botschafter v. 10. 8. 1920 als Grund für die amerikanische Weigerung, diese Regierung anzuerkennen, Auszug in *Jaffe* S. 110. Zum Vergleich s. Brief Staatssekretär *Hughes'* an den Präsidenten der American Federation of Labor, *Gompers*, v. 19. 7. 1923 in Hackworth I S. 177—179: „It must be borne in mind, however, that while this Government has laid stress upon the value of expressed popular approval in determining whether a new government should be recognized, it has never insisted that the will of the people of a foreign State may not be manifested by long continued acquiescence in a regime actually functioning as a government."

[121] Schreiben Staatssekretär *Hughes'* an den Gewerkschaftspräsidenten *Gompers* v. 19. 7. 1923 in *Hackworth* I S. 177—79; derselbe in einer Erklärung v. 25. 7. 1923 in *Hackworth* Proceedings S. 130; Kongreßbotschaft Präsident *Coolidges*, v. 6. 12. 1923 und Erklärungen der Staatssekretäre *Kellogg* und *Stimson* aus dem Jahre 1928 und 1930 nach *Arendt* S. 68; so auch *Kleist* S. 73—92 und *Wright* Recognition S. 326.

Nach der Niederlage Deutschlands im zweiten Weltkrieg und dem Vordringen der Roten Armee nach Osteuropa versuchten die westlichen Alliierten der Sowjetunion für die befreiten Länder Regierungen auf breiter demokratischer Grundlage durchzusetzen[122]. Dabei stützten sie sich auf die auch von *Stalin* unterzeichnete Erklärung von Jalta über das befreite Europa[123], die für diese Staaten die Schaffung einer provisorischen Regierungsbehörde vorsah, „in der auf breiter Grundlage alle demokratischen Elemente der Bevölkerung vertreten sind und die sich verpflichtet, so schnell wie möglich auf Grund freier Wahlen eine Regierung einzusetzen, die sich nach dem Willen des Volkes richtet". Nachdem die Schaffung repräsentativer Regierungen in Osteuropa auch auf der Potsdamer Konferenz einen breiten Raum eingenommen hatte[124], einigten sich die großen Drei auf der Moskauer Außenministerkonferenz im Dezember 1945 über die Umbildung der prokommunistischen Regierungen in Bulgarien und Rumänien durch Hineinnahme bürgerlich-oppositioneller Vertreter[125]. Trotz zunehmender Verfolgung der demokratischen Opposition[126] und der Tatsache, daß die vereinbarten Wahlen nicht den demokratischen Mindestanforderungen entsprachen[127], anerkannten die Vereinigten Staaten und Großbritannien im Laufe der Jahre 1946 und 1947 die Regierungen von Rumä-

---

[122] Rede Präsident *Trumans* v. 9. 8. 1945 in AdG 1945 S. 360 H (361); Note der amerikanischen Regierung v. 13. 8. 1945 an die bulgarische Regierung in AdG 1945 S. 380 B; Erklärung des amerikanischen Staatssekretärs *Byrnes* v. 19. 8. 1945 in AdG S. 382 D, *Whiteman* II S. 337; Rede des britischen Außenministers *Bevin* vor dem Unterhaus am 20. 8. 1945 in AdG 1945 S. 383 F; Note der britischen Regierung v. 21. 8. 1945 an die bulgarische Regierung in AdG S. 387 F; Rede des amerikanischen Staatssekretärs *Byrnes* v. 30. 12. 1945 in AdG S. 594 A; Noten der Vereinigten Staaten und Großbritanniens v. 5. 2. 1946 in AdG 46 S. 639 E, *Whiteman* II S. 424—25.

[123] Gemeinsame Erklärung der drei Regierungschefs v. 11. 2. 1945 in AdG S. 87 A.

[124] Vgl. dazu Foreign Relations of the United States vol. II, Potsdam S. 150—55, 228—32, S. 326—28, 370—72, 643—44, 646—47, 698—99.

[125] Kommuniqué der Außenministerkonferenz von 27. 12. 1945 in AdG 45 S. 586 E VI, VII.

[126] Zu Bulgarien s. vertrauliches Memorandum über die politische Lage in Bulgarien in Foreign Relations of the United States vol. I S. 362—66 (364); vgl. außerdem AdG 45 S. 479 M, 490 D, 569 D; AdG 1946 S. 660 B, S. 1107 C, 1171 F, 1202 H, 1177 E, 1215 C, S. 1258 K.
Zu Rumänien s. vertrauliches Memorandum über die politische Lage in Rumänien in Foreign Relations of the United States vol. I S. 370—74; vgl. außerdem AdG 45 S. 141 D, 402 D, 488 E, 493 K, 515 L, 582 C; AdG 1946 S. 928 B, 1058 E, S. 1145 A, 1148 B, 1216 F, 1247 A, 1157 D.

[127] Zu den bulgarischen Parlamentswahlen s. Erklärung der britischen Regierung v. 2. 11. 1946 zum Ergebnis der bulgarischen Parlamentswahlen in AdG 46 S. 915 J; vgl. außerdem AdG 1945 S. 387 F, S. 479 M, 490 D.
Zu den rumänischen Parlamentswahlen s. Stellungnahme der amerikanischen und britischen Regierung v. 26. 11. 1946 zu dem Ergebnis der Wahlen in AdG 1946 S. 933 G, *Whiteman* II S. 115—16; vgl. außerdem AdG 1946 S. 763 F, 769 A, 774 C, 895 B, 932 A, 943 H.

B. Demokratische Legitimität und konstitutionelle Legalität 71

nien[128] und Bulgarien[129], letztere mit der ausdrücklichen Einschränkung, daß die Anerkennung nicht als Billigung ihrer Herrschaftsmethoden ausgelegt werden dürfe[130]. Zuvor hatten sie schon die aus dem Lubliner Komitee hervorgegangene provisorische polnische Regierung[131] und die Regierung *Tito* in Jugoslawien anerkannt[132], nachdem beide Vertreter der in London ansässigen Exilregierungen aufgenommen hatten, ohne dadurch ihren kommunistischen Charakter zu verlieren[133]. Bedingung war auch hier die Abhaltung wirklich freier Wahlen[134], doch wurde die Anerkennung nicht verweigert, als die jugoslawischen Parlamentswahlen nicht den westlichen Vorstellungen entsprachen[135].

Problemlos war hingegen die Anerkennung der Regierungen in Ungarn[136] und der Tschechoslowakei[137], da die Sowjetisierung in beiden Ländern später als in den übrigen osteuropäischen Staaten einsetzte, und im Jahre 1945 dort noch aus freien Wahlen hervorgegangene repräsentative Regierungen vorhanden waren[138], im Gegensatz zu Albanien, dessen Regierung im Zeitpunkt ihrer Anerkennung durch

---

[128] Note der Vereinigten Staaten und Großbritanniens v. 5. 2. 1946 in AdG 1946 S. 639 E, *Whiteman* II S. 424—25.

[129] Note Großbritanniens an die bulgarische Regierung v. 12. 2. 1947 in AdG 1946/47 S. 1013 D; Erklärung des State Department v. 1. 10. 1947 in AdG 1946/47 S. 1213 C, *Whiteman* II S. 342—43.

[130] Vgl. den Wortlaut der britischen Note v. 12. 2. 1947 in AdG 1946/47 S. 1013 D.

[131] Erklärung Präsident *Trumans* v. 5. 7. 1945 in AdG 45 S. 309 G, *Whiteman* II S. 411—12; Bekanntmachung des britischen Außenministeriums vom gleichen Tage in AdG 45 S. 309 G.

[132] Note der britischen Regierung v. 23. 12. 1945 in AdG 1945 S. 582 A; amerikanische Note v. 22. 12. 1945 in *Whiteman* II S. 443; die Aufnahme der diplomatischen Beziehungen durch die Vereinigten Staaten erfolgte am 19. 4. 1946, AdG 1946 S. 724 B.

[133] Die Umbildung dieser Regierungen war auf der Konferenz von Jalta beschlossen worden, vgl. gemeinsame Erklärung der drei Regierungschefs in AdG 1945 S. 87 A (88); zur Umbildung der polnischen Regierung s. AdG 1945 S. 285 A; zur Umbildung der jugoslawischen Regierung s. AdG 1945 S. 29 A (32), *Whiteman* II S 440—41.

[134] Erklärung Präsident *Trumans* v. 5. 7. 1945 in AdG 45 S. 309 G, *Whiteman* II S. 411—12; Bekanntmachung des britischen Außenministeriums vom gleichen Tage in AdG 45 S. 309 G; Antwort des Unterstaatssekretärs *Grew* auf eine schriftliche Anfrage Senator *Vandenbergs* v. 17. 7. 1945 in *Whiteman* II S. 417—18; vgl. auch die vom amerikanischen Geschäftsträger in Warschau dem polnischen Außenministerium überreichte Note v. 2. 11. 1946 in *Whiteman* II S. 417—18.

[135] Erklärung des State Department v. 23. 12. 1945 in *Whiteman* II S. 114, 444.

[136] Notifizierung der Anerkennung durch Großbritannien in AdG 1945 S. 527 E; Erklärung des State Department v. 29. 9. 1945 in *Whiteman* II S. 396.

[137] Die Vereinigten Staaten unterhielten Beziehungen zu der tschechoslowakischen Exilregierung in London (*Whiteman* II S. 350), so daß das Problem der Anerkennung im Jahre 1945 nicht auftauchte.

[138] Vertrauliches Memorandum über die politische Lage in Ungarn in Foreign Relations of the United States vol. I S. 366—70 (369), *Whiteman* II S. 351.

die beiden Westmächte[139] in keiner Weise demokratisch legitimiert war.

Sieht man von dem Problem der geteilten Länder einmal ab, so unterhalten die Vereinigten Staaten heute nur zu Kuba, Albanien und der Äußeren Mongolei keine diplomatischen Beziehungen[140]. Die Nichtanerkennung aus Gründen fehlender demokratischer Legitimation wird nur noch gegenüber den geteilten Ländern praktiziert, deren bedeutendste China und Deutschland sind. Seit der Gründung der Bundesrepublik und der DDR im Jahre 1949 ist es die erklärte Politik der Westmächte, daß als einzige frei und rechtmäßig gebildete deutsche Regierung allein die Bundesregierung berechtigt ist, in internationalen Angelegenheiten für das deutsche Volk zu sprechen. Die drei Regierungen erkennen weder das ostdeutsche Regime, noch die Existenz eines Staates in Ostdeutschland an[141]. Ähnlich ist die Haltung der Vereinigten Staaten gegenüber der Volksrepublik China. Zwar leugnen sie nicht das Bestehen eines Herrschaftsverbandes auf dem chinesischen Festland, betrachten jedoch weiterhin die nationalchinesische Regierung auf Formosa als die legitime Regierung Chinas, wobei die Argumente gegen eine Anerkennung der Pekinger Regierung von der fehlenden demokratischen Legitimation[142] und dem dadurch zum Ausdruck kommenden Mangel an Stabilität[143] über die Nichteinhaltung völkerrechtlicher Verpflichtungen, wie des Aggressionsverbotes während des Koreakrieges[144] bis zur Feindschaft Chinas gegenüber den Vereinigten Staaten[145] reichen.

---

[139] Noten der Vereinigten Staaten und Großbritanniens v. 10.11.1945 in AdG 45 S. 517 F, *Whiteman* II S. 322—23.

[140] Die Beziehungen zu Albanien wurden von den Vereinigten Staaten im November 1946 abgebrochen, vgl. Erklärung des State Department v. 9.11.1946 in AdG 1946/47 S. 920 A.

[141] Frankfurter Erklärung der drei Hochkommissare der Westmächte v. 11.10.1949 in AdG 1948/49 S. 2097 C; Erklärung der drei Regierungen der Vereinigten Staaten, des Vereinigten Königreiches und Frankreichs in der Schlußakte der Londoner Neunmächtekonferenz v. 3.10.1954, abgedruckt bei *Brandweiner* S. 336—38 (337); Note der drei Hohen Kommissare v. 8.4.1954 in *Kiss* Zitat 61 (S. 45); Erklärung der Außenminister der drei Westmächte v. 28.9.1955 in *Whiteman* II S. 387; Deutschlanderklärung der drei Mächte v. 26.6.1964 in Bemühungen der deutschen Regierung.... S. 495 ff.

[142] Senator *Byrd* vor dem Kongreß am 8.6.1959 bei *Newman* S. 254; vgl. auch Erklärung des chinesischen Delegierten zur Frage der Repräsentation Chinas in den Vereinten Nationen in Yearbook of the United Nations 1950 S. 426 und 1951 S. 266; sowie die bei *Krakau* S. 441 angeführte Literatur.

[143] *Fenwick* in AJIL 47 (1953) S. 659—60.

[144] *Fenwick* in AJIL 47 (1953) S. 660; vgl. dazu Staatssekretär *Dulles* in einer Rede vor der internationalen Vereinigung von Liones International in San Francisco am 28.6.1957 in *Whiteman* II S. 102—3; Staatssekretär *Dulles* in einer Rede („Policy for the Far East") in San Francisco am 4.12.1958 in *Whiteman* II S. 106—7; Unterstaatssekretär *Robertson* in einer Rede („US, China Policy") in Ottawa am 13.3.1959 in *Whiteman* II S. 109—10.

B. Demokratische Legitimität und konstitutionelle Legalität 73

II. Die europäische Anerkennungspraxis

1. Großbritannien

Die europäische Praxis hinsichtlich der Anerkennung von Staaten und Regierungen läßt sich ungleich schwerer analysieren als die amerikanische, da sie nicht an vorher verkündeten Doktrinen orientiert ist. Dennoch ist eine gewisse Tendenz besonders in der britischen Anerkennungspraxis des 19. Jahrhunderts, die Zustimmung der Bevölkerung zu einem Regimewechsel zur Voraussetzung seiner Anerkennung zu machen, nicht zu übersehen. Allerdings hat die britische Regierung höchst selten die Anerkennung einer revolutionären Regierung unter Hinweis auf deren fehlende demokratische Legitimation verweigert[146], so daß der Eindruck vorherrscht, die Zustimmung der Bevölkerung sei für die britische Anerkennungspraxis eher ein zusätzliches Kriterium der Effektivität als eine eigenständige Anerkennungsvoraussetzung gewesen. Deutlich wird das aus den Instruktionen *Palmerstons* für die Anerkennung der Regierung *Lamartine*, die nach dem Sturz *Louis Philippes* in Paris die Macht erobert hatte. Als Voraussetzung für eine britische Anerkennung forderte der Außenminister, „that there is a Government sufficiently settled and well supported by the nation at large to be considered by Foreign Powers as the real organ of the nation"[147]. Eine formelle Anerkennung sollte erst nach der verfassungsmäßigen Reorganisation des Landes durch die Nationalversammlung erfolgen[148]. Nach der Wiederherstellung des Kaiserreiches am 2. 12. 1852 auf Grund einer Volksabstimmung wurde der britische Botschafter in Paris angewiesen, *Napoleon III.* unverzüglich als Kaiser der Franzosen anzuerkennen, da es seit langem die Politik Englands sei „to ackknowledge without hesitation the practical results of those decided demonstrations of opinion by which the French people have so often of late years changed their rulers and internal institutions"[149].

---

[145] Staatssekretär *Dulles* auf einer Pressekonferenz in Canberra, Australien am 14. 3. 1957 in *Whiteman* II S. 7; der gleiche in einer Rede („The threat of a Red Asia") in New York am 29. 3. 1954 in *Whiteman* II S. 97—99 (98); der gleiche auf die Frage eines Journalisten vor dem Nationalen Presse Club am 16. 1. 1958 in *Whiteman* II S. 103; der gleiche in einer Rede („Policy for the Far East") in San Francisco am 4. 12. 1958 in *Whiteman* II S. 106—7.
[146] S. Nichtanerkennung der provisorischen Regierung der französischen Republik 1870 — Earl *Granville* an Lord *Lyons* am 14. 9. 1870 in Fontes Juris Gentium B I 1 Zitat 524; Earl *Granville* an Lord *Lyons* am 1. 10. 1870 Zitat 527; Lord *Lyons* an Earl *Granville* am 8. 10. 1870 Zitat 528. Vgl. auch die Nichtanerkennung der Regierung *Fan Noli* in Albanien — Instruktionen an den britischen Gesandten in Durazzo v. 28. 7. 1924 in *Lauterpacht* Recognition S. 123.
[147] *Smith* S. 109.
[148] Instruktionen *Palmerstons* v. 15. 5. 1848 in *Smith* S. 110.
[149] Instruktionen für den britischen Botschafter Lord *Cowley* in *Lauter-*

74   3. Kap.: Das demokratische Legitimitätsprinzip im Völkerrecht

Die gleiche Haltung nahm England gegenüber der nach dem Sturz des Kaiserreiches von der provisorischen Regierung am 4. 9. 1870 proklamierten französischen Republik ein. Dem Drängen *Thiers'* auf eine sofortige Anerkennung entgegnete der britische Außenminister *Granville*, „that the Government had had no legal sanction[150] .... and that it did not possess that stability which a formal vote of a constituent Assembly could alone bestow upon it"[151]. Die britische Anerkennung der Regierung werde folgen „as soon as the nation had formally recognised it"[152]. Dies geschah mit der Einrichtung einer neuen Regierung durch die Nationalversammlung am 18. 2. 1871, woraufhin Großbritannien die französische Republik anerkannte[153].

Die gewählten Formulierungen machen deutlich, daß nicht der Wunsch nach Einführung eines neuen Prinzipes der demokratischen Legitimation in die Anerkennungspraxis, sondern Zweifel in die Stabilität des republikanischen Regimes die britische Haltung bestimmten.

Aus dem gleichen Grunde wartete Großbritannien nach der spanischen Revolution von 1868 mit der Anerkennung der Regierung des Marschalls *Serrano* bis die Cortez am 2. 6. 1869 eine neue Verfassung verabschiedet und den Herzog von Aosta zum König von Spanien gewählt hatten[154]. Als nach der Abdankung König *Amadeos* und der Ausrufung der Republik die Unruhe im Lande anhielt, verzögerte die britische Regierung die Anerkennung der wiederum von Marschall *Serrano* repräsentierten spanischen Republik über den Zeitpunkt ihrer formellen Proklamation durch die Cortez hinaus[155]. Auch die Anerkennung *Alfons XII.* erfolgte erst, nachdem seine Regierung vom spanischen Volk anerkannt und ihre Anordnungen befolgt wurden[156].

1910 brach eine Revolution in Portugal aus. Daraufhin wurde der britische Botschafter in Lissabon zur folgenden Erklärung ermächtigt: „As soon as Portugal shall, by a formal vote of a constituent assembly, or in some other unambigous manner have determined the form and character of the future government of the country, His Majesty's Government will be prepared to advise the King to recognize it, and will

---

pacht Recognition S. 117; vgl. auch Lord *Malmesbury* am 6. 12. 1852 im House of Lords in *Smith* S. 114.
[150] Earl *Granville* an Lord *Lyons* am 14. 9. 1870 in Fontes Juris Gentium B I 1 Zitat 524.
[151] *Lauterpacht* Recognition S. 118 Anm. 4.
[152] Earl *Granville* an Lord *Lyons* am 14. 9. 1870 in Fontes Juris Gentium B I 1 Zitat 524; s. auch Earl *Granville* an Lord *Lyons* am 1. 10. 1870 Zitat 527 und Lord *Lyons* an Earl *Granville* am 8. 10. 1870 Zitat 528.
[153] *Lauterpacht* Recognition S. 119; *Smith* S. 114.
[154] *Lauterpacht* Recognition S. 120; *Smith* S. 200—201.
[155] *Lauterpacht* Recognition S. 120—21; *Smith* S. 202; wie auch Lord *Derby* im House of Lords am 8. 3. 1875 in *Smith* S. 204.
[156] Lord *Derby* im House of Lords am 8. 3. 1875 in *Smith* S. 205.

B. Demokratische Legitimität und konstitutionelle Legalität 75

be happy to enter into official relations with it when established in accordance with popular vote"[157].

Im Jahre 1924 verweigerte die britische Regierung dem diktatorischen Regime *Fan Noli* in Albanien die Anerkennung, da nicht feststehe „by some clear expression of national will that the Albanian Government enjoys the confidence of the country"[158]. Im gleichen Jahre wurde das republikanische Regime in Griechenland unter ausdrücklicher Berufung auf die stattgehabte Volksabstimmung formell anerkannt[159]. Daß diese Praxis nicht auf Europa beschränkt blieb, zeigt die Anerkennung der chinesischen Republik im Jahre 1912 erst nach ihrer verfassungsmäßigen Konstituierung durch eine gewählte Nationalversammlung[160]. Ähnliches galt für Lateinamerika[161].

Nach dem ersten Weltkrieg verschwand der „test of popular consent" allmählich aus der britischen Anerkennungsterminologie. Weder die Anerkennung der Sowjetregierung[162], noch die der Regierung *Franco* in Spanien[163], wurde von dem Votum einer frei gewählten Versammlung abhängig gemacht. Nach den Staatsstreichen in Chile im Jahre 1924 in Ecuador 1925 und in Peru und Argentinien 1930 beschränkte sich die britische Regierung auf die lapidare Feststellung, daß durch diese Veränderungen die Beziehungen zu diesen Ländern nicht berührt würden[164]. Über die erfolglosen Versuche der Vereinigten Staaten und Großbritanniens, repräsentative Regierungen in den osteuropäischen Staaten zu erhalten, wurde schon im Zusammenhang mit der amerikanischen Anerkennungspraxis berichtet. Im Gegensatz zu den Vereinigten Staaten hat Großbritannien auch die Regierung der Volksrepublik China als de jure Regierung des Landes anerkannt[165], hingegen nicht die kommunistischen Regierungen Nordvietnams[166], Nordkoreas[167] und der DDR[168].

---

[157] Instruktionen für den britischen Gesandten in Lissabon Sir F. *Villiers* v. Oktober 1910 zitiert nach *Lauterpacht* Recognition S. 122.
[158] Instruktionen für den britischen Gesandten in Durazzo v. 28. 7. 1924 zitiert nach *Lauterpacht* Recognition S. 123.
[159] *Lauterpacht* Recognition S. 123.
[160] *Lauterpacht* Recognition S. 123.
[161] S. Mitteilung des Foreign Office an den Vertreter Chiles in Großbritannien v. 23. 9. 1891 in *Lauterpacht* Recognition S. 121 Anm. 2; Die Nichtanerkennung der Regierung *Tinoco* in Costa Rica im Jahre 1917 geschah mit Rücksicht auf die Vereinigten Staaten (AJIL 18, 1924 S. 152—53).
[162] S. Erklärung des Premierministers *Lloyd George* vor dem Unterhaus am 22. 3. 1921 in *Lauterpacht* Recognition S. 338—39; die de jure Anerkennung erfolgte durch eine Note v. 2. 2. 1924 in *Kleist* S. 118.
[163] *Lauterpacht* Recognition S. 136.
[164] *Lauterpacht* Recognition S. 134—35.
[165] AdG 1950 S. 2206 C (am 6. 1. 1950).
[166] The Statesman's Year-Book 1967—68 S. 1623.
[167] The Statesman's Year-Book 1967—68 S. 1221.
[168] Vgl. oben S 72 Anm. 141.

2. Frankreich

Der repräsentative Charakter einer Regierung ist auch von Frankreich zuweilen zur Voraussetzung der diplomatischen Anerkennung gemacht worden, allerdings erst, nachdem Frankreich durch den Sturz des Kaiserreiches im Jahre 1870 eine demokratische Republik geworden war. Eine durchgehende Praxis hat sich jedoch nicht ausgebildet. Während für die vorläufige Weigerung, die im Jahre 1873 proklamierte spanische Republik anzuerkennen, allein deren ungesicherte Existenz maßgebend war[169], hielt Frankreich in Übereinstimmung mit Großbritannien und den übrigen europäischen Mächten die Anerkennung der nach dem Sturz der Monarchie in Portugal im Jahre 1910 gebildeten provisorischen Regierung zurück bis „la nation portugaise, consulteé sur ses destineés, a procédé a l'election d'une assembleé constituante"[170]. Erst nach der Verabschiedung einer neuen Verfassung und der Wahl des Präsidenten wurde die Republik von den Mächten anerkannt. Die gleichen Bedingungen stellte Frankreich, wiederum in Übereinstimmung mit den anderen europäischen Mächten und den Vereinigten Staaten für die Anerkennung der chinesischen Republik im Jahre 1912[171]. Die sowjetische Regierung wurde von Frankreich erst im Oktober 1924 anerkannt[172]. Als Grund für diese Verzögerung nannte Außenminister *Briand* vor der Abgeordnetenkammer, daß die Moskauer Regierung in Wahrheit nicht das russische Volk repräsentiere[173].

Die französische Haltung gegenüber den kommunistischen Regierungen Nordvietnams, Nordkoreas und der DDR entspricht der der beiden anderen Westmächte[174]; die Regierung der chinesischen Volksrepublik wurde am 27. 1. 1964 von Frankreich als die de jure Regierung Chinas anerkannt[175].

---

[169] Außenminister *Rémusat* an die konsularischen Agenten Frankreichs in Spanien am 30. 3. 1873 in *Kiss* Zitat 53 (39).
[170] Bericht der Budget-Kommission, vorgelegt in der Sitzung der Abgeordnetenkammer am 12. 7. 1911 von dem Abgeordneten *Deschanel* in *Kiss* Zitat 60 (S. 44).
[171] Außenminister *Poincaré* an die Botschafter Frankreichs in London, Berlin, St. Petersburg, Washington und Tokio am 15. 4. 1912 in *Kiss* Zitat 62 (S. 47).
[172] Telegramm des französischen Ministerpräsidenten und Ministers des Auswärtigen *Herriot* an den Vorsitzenden des Rates der Volkskommissare der UdSSR v. 28. 10. 1924 in *Kleist* S. 119.
[173] Regierungserklärung des Ministerpräsidenten und Außenministers *Briand* vor der Abgeordnetenkammer am 20. 1. 1921 in *Kiss* Zitat 58 (S. 44); vgl. auch Bericht der Finanzkommission des Senats, vorgelegt von Senator *Huber* auf der Sitzung v. 22. 12. 1921 in *Kiss* Zitat 59 (S. 44).
[174] Vgl. oben S. 75 Anm. 166 und 167, S. 72 Anm. 141, s. auch Note der französischen Regierung an die sowjetische Regierung v. 2. 9. 1953 in *Kiss* III Zitat 61 (S. 45).
[175] AdG 1964 S. 11034 A.

B. Demokratische Legitimität und konstitutionelle Legalität 77

3. Deutschland, Österreich-Ungarn

Weder das deutsche Kaiserreich, noch die k. u. k. Monarchie waren von ihrer Staatsform her besonders dafür prädestiniert, die demokratische Legitimation als Voraussetzung für die Anerkennung einer fremden Staatsgewalt zu fordern. So waren es denn auch nur realpolitische Überlegungen, die *Bismarck* veranlaßten, vor dem Abschluß eines Friedensvertrages mit der provisorischen französischen Regierung im Jahre 1871 deren Bestätigung durch eine gewählte Nationalversammlung abzuwarten[176]. Nur eine solche Regierung war nach Bismarcks Auffassung im Stande, völkerrechtlich verbindlich für Frankreich zu handeln und einen Friedensvertrag mit dem Deutschen Reich zu unterzeichnen[177]. Wie Großbritannien und das Deutsche Reich machte auch Österreich-Ungarn die Anerkennung der provisorischen französischen Regierung von der „consecration d'un vote national" abhängig[178]. Nach der Proklamation der Republik in Portugal im Jahre 1910 und in China 1912 schlossen sich das Deutsche Reich und Österreich-Ungarn dem Vorgehen der beiden Westmächte an und versagten den in beiden Ländern gebildeten provisorischen Regierungen die Anerkennung, bis sich die neue Staatsgewalt verfassungsmäßig organisiert hatte[179]. Die sowjetische Regierung wurde von Deutschland und Österreich-Ungarn schon im Jahre 1918 mit Abschluß des Friedensvertrages von Brest-Litowsk anerkannt. Weder damals, noch in Rapallo, als die Beziehungen zwischen dem Deutschen Reich und der Sowjetunion wieder aufgenommen wurden, spielte die fehlende demokratische Legitimation der sowjetischen Regierung in den Überlegungen der Reichsleitung eine Rolle.

Daß die Bundesregierung lange Zeit keine der kommunistischen Regierungen Osteuropas mit Ausnahme der Sowjetunion anerkannt hat, ist eine Folge der *Hallsteindoktrin*, nach der keine Regierung, die

---

[176] *Bismarck* an die diplomatischen Vertreter des Norddeutschen Bundes am 27. 9. 1870 in Fontes Juris Gentium B I 1 Zitat 526; *Bismarck* an den Außenminister der provisorischen Regierung der nationalen Verteidigung Jules *Favre* am 16. 1. 1871 Zitat 556.

[177] Nach allgemeinem Völkerrecht steht der generellen de facto Regierung eine unbeschränkte Vertragsschlußkompetenz zu, die von ihr geschlossenen Verträge binden jede nachfolgende Regierung (*Kunz* in WVRD S. 612, *Spiropoulos* S. 65).

[178] Außenminister Graf *Beust* an den österreichischen Botschafter in Frankreich Fürst *Metternich* am 3. 10. 1870 in Fontes Juris Gentium B I 1 Zitat 529.

[179] *Lauterpacht* Recognition S. 121—22; vgl. auch deutsche Note zur Anerkennung der portugiesischen Republik v. 11. 9. 1911 in *Martens-Triepel* Band VIII S. 348 sowie die Instruktionen Staatssekretär von *Jagows* für den deutschen Botschafter in London Fürst *Lichnowsky* betreffend die Anerkennung der chinesischen Republik v. 21. 4. 1913 in Die große Politik der Europäischen Kabinette 32. Band S. 272.

3. Kap.: Das demokratische Legitimitätsprinzip im Völkerrecht

diplomatische Beziehungen zur DDR unterhält, mit einer Anerkennung durch die Bundesrepublik Deutschland rechnen kann[180]. Die Verfassung dieser Staaten war dabei ohne Bedeutung. Nur im Verhältnis zur DDR vertrat die Bundesregierung den Standpunkt, daß die demokratische Legitimation der Staatsgewalt durch freie Wahlen ein konstitutives Element der Staatsgewalt darstellt, dessen Fehlen die Staatlichkeit ausschließt[181]. Nach dieser Auffassung ist die Bundesrepublik die einzige staatliche Organisation des deutschen Volkes auf dem Boden des ehemaligen Deutschen Reiches[182]. In jüngster Zeit macht sich hier jedoch ein gewisser Wandel bemerkbar, der besonders deutlich in der Aufnahme diplomatischer Beziehungen zu Rumänien[183] und Jugoslawien[184] zum Ausdruck kam. Praktisch bedeutete bereits dieser Schritt einen Verzicht auf den die Staatlichkeit der DDR leugnenden juristischen Gehalt des Alleinvertretungsanspruches und seiner außenpolitischen Verwirklichung durch die *Hallsteindoktrin*. Inzwischen hat die Bundesregierung ihre bisherige Auffassung revidiert und geht seitdem in ihren Stellungnahmen zur deutschen Frage von der Existenz zweier deutscher Staaten aus. Die völkerrechtliche Anerkennung der DDR lehnt die Bundesregierung dagegen weiterhin ab, da nach ihrer Ansicht die beiden deutschen Staaten füreinander nicht Ausland sind, und ihre Beziehungen daher nur von besonderer Art sein können[185].

---

[180] *Schuster* S. 272—73.
[181] Erklärung der Bundesregierung vor dem Deutschen Bundestag v. 21. 10. 1949 in Bemühungen der Bundesrepublik ... I S. 7; Erklärung der Bundesregierung über die Nichtanerkennung der „Souveränität" der Sowjetzonenregierung v. 7. 4. 1954 in Bemühungen der Bundesrepublik II S. 92; Entschließung des Deutschen Bundestages v. 7. 4. 1954 im gleichen Band S. 94; Regierungserklärung Bundeskanzler *Adenauers* v. 22. 9. 1955 zu den Moskauer Vereinbarungen in Bemühungen der deutschen Regierung S. 83 (88—89); Entschließung des Deutschen Bundestages v. 23. 9. 1955 zur Aufnahme der deutsch-sowjetischen Beziehungen im gleichen Band S. 90; Regierungserklärung Bundesaußenminister v. *Brentanos* v. 28. 6. 1956 im gleichen Band S. 137 ff. (149); Erklärung der deutschen Delegation auf der Genfer Außenministerkonferenz v. 20. 5. 1959 über das Alleinvertretungsrecht im gleichen Band S. 309; Regierungserklärung des Kabinetts *Kiesinger* v. 13. 12. 1966 in AdG 66 S. 12862 ff., 12866; Note der Bundesrepublik v. 4. 2. 1967 zur Frage des Alleinvertretungsrechtes anläßlich der Unterzeichnung des Abkommens über die friedliche Nutzung des Weltraumes in AdG S. 12978.
[182] Die politische Motivation der Rechtsbehauptung nimmt ihr keineswegs den juristischen Charakter, da praktisch alle zur Bildung von Völkergewohnheitsrecht führenden staatlichen Äußerungen Ausdruck der Staatsraison sind.
[183] AdG 1967 S. 12963 A.
[184] AdG 1968 S. 13700 C.
[185] Regierungserklärung des Bundeskanzlers Willy *Brandt* v. 28. 10. 1969 in AdG 69 S. 15004; Erklärung *Brandts* in Erfurt am 19. 3. 1970 in AdG 70 S. 15355; Erklärung *Brandts* zur Eröffnung des Kasseler Treffens mit Ministerpräsident *Stoph* v. 21. 5. 1970 in AdG 70 S. 15487.

4. Schweiz

Die schweizerische Praxis zur Anerkennung von Staaten und Regierungen ist beherrscht vom Effektivitätsprinzip. Nur selten wird die Zustimmung der Regierten als Anerkennungsvoraussetzung erwähnt, so beispielsweise bei der Anerkennung der republikanischen Regierung Frankreichs im Jahre 1870: „Nachdem Frankreich sich unter Zustimmung des ganzen Landes als Republik konstituiert hat, zögerten wir im Hinblick auf jenes Prinzip (Recht jedes Volkes auf freie Selbstkonstituierung) keinen Augenblick, unseren Gesandten in Paris anzuweisen, sich mit der neuen Regierung Frankreichs in offiziellen Verkehr zu setzen"[186]. Die provisorische französische Regierung wurde vom Schweizer Bundesrat anders als von den meisten europäischen Staaten wenige Tage nach der Ausrufung der Republik anerkannt, ohne die verfassungsmäßige Reorganisation des Landes durch eine gewählte Nationalversammlung abzuwarten. Bei der Anerkennung der republikanischen Regierungen Brasiliens im Jahre 1890 und Chinas im Jahre 1914 ließ sich der Schweizer Bundesrat ausschließlich vom Effektivitätsprinzip leiten[187]. Anklänge an das demokratische Legitimitätsprinzip finden sich erst wieder in einer Stellungnahme des Bundesrates *Motta* v. 26. 6. 1927 zur Frage einer Anerkennung der Sowjetregierung[188]. Zu den von *Motta* aufgeführten Gründen gegen eine solche Anerkennung gehörte neben der Propagierung der Weltrevolution und der sowjetischen Weigerung, Wiedergutmachung für das beschlagnahmte schweizer Vermögen zu leisten, auch die Überzeugung, daß die sowjetische Regierung nicht den Willen des russischen Volkes ausdrückt. Eine Anerkennung erfolgte nicht vor 1946[189]. Seit dem zweiten Weltkrieg gibt es in der schweizer Praxis keine Hinweise auf normative Anerkennungsvoraussetzungen[190]; doch wurden die kommunistischen Regime in Nordvietnam, Nordkorea und der DDR von der Schweiz nicht anerkannt. Die Regierung der Volksrepublik China ist von der Schweiz bereits 1949 als die de jure Regierung Chinas anerkannt worden[191].

---

[186] Kreisschreiben des Bundesrates an die Kantone v. 8. 9. 1870, zitiert nach *Zellweger* S. 22.

[187] *Zellweger* S. 22.

[188] *Zellweger* S. 21.

[189] Vgl. dazu Schweizer Jahrbuch für internationales Recht IV 1947 S. 141—42.

[190] *Zellweger* S. 23 Anm. 22; Schweizer Jahrbuch für internationales Recht IV 1947 S. 141—42, VII 1950 S. 129.

[191] Schweizer Jahrbuch für internationales Recht VII 1950 S. 129.

3. Kap.: Das demokratische Legitimitätsprinzip im Völkerrecht

III. Rechtliche Würdigung

1. Sind die demokratische Legitimation und die konstitutionelle Legalität der Staatsgewalt völkerrechtlich gebotene Anerkennungsvoraussetzungen?

Aus den gleichen Gründen wie die dynastische Legitimität sind auch die demokratische Legitimation und die konstitutionelle Legalität für das Bestehen einer Herrschaftsgewalt nicht konstitutiv. Der von der Staatenpraxis bestätigte Grundsatz, daß Veränderungen eines Staates dessen völkerrechtliche Stellung nicht berühren[192], verbietet es, wertbezogene Elemente in den völkerrechtlichen Staatsbegriff einzubeziehen. „Eine Norm des allgemeinen Völkerrechts ermächtigt ein Individuum oder eine Gruppe von Individuen auf Grund einer wirksamen Verfassung eine normative Zwangsordnung als legitime Regierung zu erzeugen und anzuwenden, sie legitimiert so diese Zwangsordnung für den terrotirialen Bereich ihrer tatsächlichen Wirksamkeit als gültige Rechtsordnung und die durch diese Zwangsordnung konstituierte Gemeinschaft als Staat im Sinne des Völkerrechts; dies ohne Rücksicht darauf, ob die Regierung auf einem im Sinne einer vorher bestandenen Verfassung legitimen oder auf einem revolutionärem Wege zu der Macht gelangt ist"[193]. Allein eine solche Auffassung ist mit der Wirklichkeit einer Völkerrechtsgemeinschaft zu vereinbaren, in der fast jede Regierung revolutionären Ursprunges ist. „Nur wer eine lückenlose Naturrechtsordnung über dem positiven Staats- und Völkerrecht stehend behauptet und damit die Bedeutung der Machtverhältnisse für das Staatsleben verkennt, darf sich zur Lehre vom demokratischen Legitimitätsprinzip bekennen"[194]. Diese gesicherte Erkenntnis des positiven Völkerrechts haben in jüngster Zeit einige deutsche Autoren in Bezug auf die DDR mit der Behauptung in Frage gestellt, daß es für die Entstehung eines neuen Staates zumindest eines mitwirkenden Willensaktes des betreffenden Staatesvolkes bedürfe[195]. Ist es auch theoretisch mög-

---

[192] Vgl. oben S. 46; außerdem Entscheidung des Französisch-Chilenischen Schiedsgerichtes im Fall *Dreyfus*, Brüder & Co. v. 5. 7. 1901 in *Woolsey* S. 548; Entscheidung des Ständigen Schiedshofes in Haag in der Sache: Französische Forderungen gegen Peru v. 11. 10. 1921 in AJIL 16 (1922) S. 480—84 (482); Schiedsspruch William *Tafts* zwischen Großbritannien und Costa Rica v. 18. 10. 1923 in AJIL 18 (1924) S. 147—174 (154).

In allen Fällen wurde der in einigen südamerikanischen Verfassungen verankerte Grundsatz der Nichtigkeit von Rechtshandlungen einer im Widerspruch zur bestehenden Verfassung an die Macht gelangten Regierung für völkerrechtlich irrelevant erachtet.

[193] *Kelsen* Reine Rechtslehre S. 221—22; im Ergebnis gleich *Lauterpacht* Recognition S. 91.

[194] *Jellinek* S. 285.

[195] *Bieberstein* S. 108, der gleiche in DZ Nr. 34 S. 4; *Menger* S. 16; *Scheuer* S. 65, 67; *Scheuner* S. 243; *Arndt* S. 36, 37 verbindet damit den

B. Demokratische Legitimität und konstitutionelle Legalität

lich, an die Herrschaftsgewalt eines Neustaates andere Anforderungen zu stellen, als an die eines schon länger der Völkerrechtsgemeinschaft angehörenden Staates, so zeigt doch das Schicksal Deutsch-Österreichs[196] nach dem ersten Weltkrieg, daß ein Staatsvolk gegen seinen erklärten Willen zur Bildung einer eigenen staatlichen Organisation gezwungen werden kann[197].

Der Einwand *Biebersteins*, das Völkerrecht habe seit dieser Zeit einen tiefgreifenden Wandlungsprozeß durchgemacht, in dessen Verlauf das Effektivitätsprinzip in zunehmendem Maße vom Legitimitätsprinzip verdrängt worden sei[198], dringt demgegenüber nicht durch. Die von ihm für diese Entwicklung angeführten Beispiele: Der *Briand-Kellogg-Pakt*, die *Stimson-Doktrin*, die Nürnberger Prinzipien und die Charta der Vereinten Nationen sind Ausdruck einer Verrechtlichung der internationalen Beziehungen; sie rechtfertigen jedoch nicht die Annahme eines zusätzlichen Kriteriums für die Ausübung staatlicher Gewalt. Die Heranziehung des Grundsatzes „ex iniuria ius non oritur", auf dessen Vordringen im Völkerrecht *Bieberstein* aus den genannten Beispielen schließen zu können glaubt, ist in diesem Zusammenhang schon deshalb verfehlt, weil die nicht demokratisch legitimierte Staatsgewalt eben kein völkerrechtliches Unrecht darstellt[199].

Um die staatliche Nichtexistenz der DDR dennoch zu retten, ist deshalb von *Schuster* der Begriff der *Autochthonie* in die Diskussion um den Staatsbegriff eingeführt worden[200]. Autochthone Herrschaft zeichnet sich für ihn dadurch aus, daß ihre Träger aus dem Staatsgebiet stammen und in der geistigen Tradition von Volk und Raum wurzeln[201]. Wenngleich Autochthonie und demokratische Legitimität bezüglich ihres Inhaltes keineswegs identisch sind — auch eine von Autochthonen gebildete nicht demokratisch legitimierte Regierung ist nach dieser Auffassung als anerkennungsfähige Eigenregierung des

---

Gedanken einer grundsätzlich geschlossenen europäischen Völkerrechtsgemeinschaft, in die ein neues Mitglied nur mit Zustimmung der übrigen Mitglieder aufgenommen werden kann (S. 22, 23), eine Vorstellung, die von *Schuster* S. 240—41 zu Recht in das 19. Jahrhundert verwiesen wird.

[196] S. dazu *Ball* a.a.O.
[197] So im Ergebnis *Kelsen* in RDI S. 616.
[198] *Bieberstein* S. 165 ff.; der gleiche in DZ Nr. 34 S. 4.
[199] Es bleibt unverständlich, weshalb *Bieberstein*, nachdem er bei der Behandlung der Anerkennungsvoraussetzungen zwischen positiver und überpositiver Rechtmäßigkeit (Legalität - Legitimität) unterschieden hat (S. 41 ff.), diese Unterscheidung im weiteren Verlauf seiner Untersuchung zum Problem der völkerrechtlichen Anerkennung der beiden deutschen Regierungen wieder aufgibt zu Gunsten eines verschwommenen, aus beiden Elementen zusammengesetzten „Legitimationsprinzipes" (S. 165 ff.).
[200] *Schuster* S. 56 ff.; ebenso *Bracht* S. 40, 42; *Kordt* S. 555; *Kreutzer* S. 18; *Münch* S. 28.
[201] *Schuster* S. 56; *Bracht* S. 40; *Kreutzer* S. 18.

3. Kap.: Das demokratische Legitimitätsprinzip im Völkerrecht

Staatswesens anzusehen[202] — besteht doch insofern ein Zusammenhang zwischen beiden, als nach *Schuster* das Fehlen der demokratischen Legitimation auf das Fehlen einer autochthonen Herrschaft und damit einen Mangel an Staatsqualität hinweisen kann[203]. Wie das Kriterium der Legitimität einer Herrschaft findet auch die Autochthonie keine Grundlage im Völkerrecht. Die Staatenpraxis bietet genügend Beispiele dafür, daß dem Angehörigen eines nicht autochthonen Herrscherhauses im Wege der Erbfolge[204] oder auf Grund einer Wahl durch autochthone Kräfte[205], die Souveränität übertragen wurde, und auch in jüngster Zeit haben die Staaten den Sieg einer ideologischen Bewegung, deren geistiges Zentrum sich außerhalb der Landesgrenzen befindet, nicht zum Anlaß genommen, dem davon betroffenen Gemeinwesen die Staatsqualität abzusprechen[206]. Steht auch außer Zweifel, daß die demokratische Legitimation der Staatsgewalt wie die konstitutionelle Legalität keine Kriterien für das Bestehen eines Staates oder dessen Regierung sind, so ist es doch theoretisch möglich, sie auf dem Umweg über die Anerkennungspraxis im Völkerrecht zu verankern. Das setzt voraus, daß ein Staat erst mit der Anerkennung zum Völkerrechtssubjekt wird, bzw. die Regierung eines bestehenden Staates erst durch die Anerkennung berechtigt wird, den Staat völkerrechtlich zu vertreten, und außerdem eine Norm des Völkerrechtes demokratische Legitimität und

---

[202] *Schuster* S. 61; *Bracht* S. 49—50.

[203] *Schuster* S. 61; ebenso *Münch* S. 28.

[204] Eine reiche Fülle von Beispielen bietet dafür die Geschichte des Hauses *Habsburg*. Weitere Beispiele sind die Herrschaft des Hauses *Bourbon* in Spanien seit 1700 und die Herrschaft des Hauses *Hannover* in England, die 1714 mit *Georg I.* ihren Anfang nahm.

[205] So die Wahl der säschsischen Kurfürsten *Friedrich August I.* (1697 bis 1733) und *Friedrich August II.* (1733—1763) durch den polnischen Reichstag zu Königen von Polen und die Berufung *Leopolds* von *Sachsen-Coburg-Gotha* auf den belgischen Thron. Im Jahre 1866 wurde *Karl von Hohenzollern-Sigmaringen* zum Fürsten von Rumänien gewählt, wo er seit 1881 als König *Carol I.* herrschte. Die spanischen Cortez wählten 1870 den zweiten Sohn des Königs von Italien, Herzog *Amadeo von Aosta* zum spanischen König. Nicht-autochthonen Ursprungs ist auch die griechische Dynastie. Nachdem der 1832 von der griechischen Nationalversammlung zum König gewählte *Otto von Bayern* 1862 durch einen Militäraufstand abgesetzt worden war, wurde mit *Georg I.* das dänische Haus auf den Thron berufen.

[206] Das gilt mit Ausnahme der DDR für alle osteuropäischen Satellitenstaaten der Sowjetunion, aber auch für Länder wie Südvietnam und Formosa, die praktisch auf den Status von Satelliten abgesunken sind. Demgegenüber muß die von *Schuster* S. 59 angeführte Nichtanerkennung Kroatiens und der Slowakei durch einen Teil der Völkerrechtsgemeinschaft im Zusammenhang mit Verlauf und Ausgang des zweiten Weltkrieges gesehen werden. Praktisch ist es unmöglich zu entscheiden, ob eine internationale Bewegung wie der Kommunismus sich in einem Land auf autochthone Kräfte stützt oder dem Land von außen aufgezwungen wurde.

Selbst im letzteren Falle können autochthone Kräfte die Oberhand gewinnen, wie die Emanzipation der osteuropäischen Staaten von der Sowjetunion zeigt.

B. Demokratische Legitimität und konstitutionelle Legalität

konstitutionelle Legalität zu unabdingbaren Anerkennungsvoraussetzungen erhebt. Bereits die erste Voraussetzung wird heute von einer überwiegenden Meinung in der Lehre verworfen. Sieht man einmal von dem Kuriosum ab, daß ein noch nicht allseits anerkannter Staat nur im Verhältnis zu den ihn anerkennenden Staaten ein Völkerrechtssubjekt ist[207], bleibt die Tatsache, daß die konstitutive Theorie[208] nicht zufriedenstellend erklären kann, wieso auch der nichtanerkannte Staat nach allgemeiner Rechtsauffassung gewisse völkerrechtliche Grundrechte besitzt und ebenso gewisse Grundpflichten zu beachten hat[209]. Ähnliches gilt für die generelle de facto Regierung, deren Handlungen dem Staat schon vor ihrer Anerkennung zugerechnet werden[210]. Aus diesem Grunde ist der deklaratorischen Theorie[211] der Vorzug zu geben, zumal auch die Staatenpraxis dieser Auffassung zuneigt[212]. Danach ist ein Staat im Sinne des Völkerrechts gegeben, wenn bestimmte Menschen in Bezug auf ein bestimmtes Gebiet über die dort ansässige Bevölkerung originäre und effektive Herrschaft ausüben, indem sie Recht setzen und durchsetzen, und zwar unabhängig davon, ob die übrigen Mitglieder der Völkerrechtsgemeinschaft die Existenz dieses Staates anerkannt haben[213]. Die Anerkennung hat nur die Bedeutung,

---

[207] *Bieberstein* S. 60; *Ross* S. 115.
[208] Vertreter dieser Theorie sind *Anzilotti* S. 120; *Fiore* I S. 269; *Kelsen*, Principles S. 394; derselbe in AJIL S. 609; *Lauterpacht* Recognition S. 6, 38 ff.; derselbe in RC S. 247; *Liszt* S. 46; *Redslob* in RDI S. 432; *Schätzel* S. 59; *Spiropoulos* S. 23; *Visscher* S. 150.
Gemma S. 333 und *Noel - Henry* S. 220 messen nur der Anerkennung eines Staates konstitutive Wirkung bei.
[209] *Bieberstein* S. 60; *Dahm* I S. 136; *Ross* S. 115; *Verdross* S. 247; s. auch Art. 3 der Konvention von Montevideo über die Rechte und Pflichten der Staaten v. 26.12.1933 in AJIL 28 (1934) Suppl. S. 75—78 (76).
[210] *Brown* Legal Effects S. 634; *Kunz* in *Stier - Somlo* S. 156—57; *Lecharny* S. 139; *Spiropoulos* S. 152; *Verdross* S. 322.
[211] Vertreter dieser Theorie sind *Arendt* S. 94, 125; Akademie-Lehrbuch S. 118; *Baty* S. 469; *Berber* I S. 229; *Bindschedler* S. 12, 13; *Braganca de Azevedo* S. 97; *Brown* Effects S. 108; *Erich* S. 461; *Fauchille* S. 307; *Fischer - Williams* in Harvard Law Review S. 778, 780, 793; der gleiche in RC S. 236; *Garis* S. 102; *Haupt* S. 303; *Heffter* S. 46; *Herder - Wünsche* S. 923; *Kleist* S. 23, 24; *Kohl* S. 70; *Kröger* Festschrift S. 134; *Kunz* in *Stier-Somlo* S. 84; derselbe in AJIL S. 718; *Marek* S. 131; *Nys* I S. 70; der gleiche in RDILC S. 293—94; *Oppenheim* 1845 S. 203; *Peck* S. 116; *Puente* S. 315; *Ross* S. 112; *Saalfeld* S. 26; *Scelle* Mexique S. 128; *Sehrbrock* S. 23; *Sibert* S. 191—92; *Ullmann* S. 125; *Wiesse* S. 237; Art. 1 der Resolution über die Anerkennung neuer Staaten und Regierungen des Institut de Droit International, angenommen in Brüssel April 1936 in AJIL 30 (1936) Suppl. S. 185.
Für *Gemma* S. 333 und *Noel - Henry* S. 218 hat nur die Anerkennung einer Regierung deklaratorischen Charakter.
[212] Staatssekretär *Adams* an den spanischen Gesandten *Anduaga* am 6.4. 1822: „It is the mere acknowledgement of existing facts" in *Moore* Digest I S. 88; vgl. auch *Napoleons* Zurückweisung einer Anerkennung der französischen Republik durch Österreich während der Friedensverhandlungen in Campo-Formio 1797 oben S. 40 Anm. 87; International Commission of Jurists in Rio de Janeiro v. 18.4.—20.5.1927 Entwurf II Art. 5 in AJIL 22 (1928)

daß der anerkennende Staat den anzuerkennenden Tatbestand eines Staates, einer Regierung oder bürgerkriegführenden Partei für gegeben hält und ihn daher nicht mehr bestreitet[214]. Konstitutiv wirkt die Anerkennung eines Staates nur bezüglich der Einlassungspflicht vor dem Internationalen Gerichtshof und des Status durchreisender Diplomaten. Geht mit der Anerkennung die Aufnahme oder Wiederaufnahme amtlicher Beziehungen einher, kann man allenfalls darin einen konstitutiven Akt erblicken[215]. Auch die zweite Voraussetzung findet im positiven Völkerrecht keine Stütze. Schon in einem früheren Abschnitt wurde darauf hingewiesen, daß die verfassungsmäßige Legalität mit dem Rechtsinstitut der Anerkennung unvereinbar ist, da nur die nicht verfassungsmäßig zustande gekommenen Regierungen der Anerkennung bedürfen[216]. Hinsichtlich des Erfordernisses der demokratischen Legitimation der Staatsgewalt ist die Anerkennungspraxis zu uneinheitlich, um den Schluß auf die Herausbildung einer völkerrechtlichen Norm des Inhalts, daß allein demokratisch legitimierte Regierungen anerkennungsfähig seien, zuzulassen[217]. Die Vereinigten Staaten haben das demokratische Legitimitätsprinzip außerhalb des amerikanischen Kontinents nur sporadisch angewandt und auch gegenüber den amerikanischen Schwesterrepubliken war ihre Anerkennungspolitik keineswegs einheitlich. Selbst während der kurzen Perioden, in denen das demokratische Legitimitätsprinzip erklärte amerikanische Politik war, wurde es in der Praxis häufig vom Effektivitätsprinzip verdrängt[218]. In jüngster Zeit ist das Erfordernis der demokratischen Legi-

---

Suppl. S. 240—41; Art. 3, 6 der Konvention von Montevideo über die Rechte und Pflichten der Staaten v. 26. 12. 1933 in AJIL 28 (1934) Suppl. S. 75—78 (76); American Institute of International Law Entwurf Nr. 6 Art. 2 v. 25. 2. 1925 in AJIL 20 (1926) Suppl. S. 310; Art. 9 u. 10 der Charta der OAS v. 30. 4. 1948 in AVR 1 (1948/49) S. 477.
[213] *Hoffmann* S. 20; *Zwecker* S. 105; ähnlich *Pinto* S. 371.
[214] *Bieberstein* S. 61; *Briggs* Recognition S. 120; *Dahm* I S. 122; *Teuscher* S. 23—24; *Verdross* S. 247.
[215] *Schaumann* S. 48; *Verdoss* S. 246.
[216] Vgl. oben S. 53.
[217] *Benz* S. 231—33; *Bieberstein* S. 43, 49; *Bracht* S. 46—47; *Charpentier* S. 292; *Chen* S. 124; *von der Heydte* S. 202; *Kleist* S. 36; *Kerstein* S. 252 ff. *Kohl* S. 52; *Kunz* in *Stier - Somlo* S. 150; *Kreutzer* S. 13; *Larnaude* S. 498—99; *Peck* S. 189; *Touscoz* S. 124; a. A. *Garanin* in einer Vorlesungsreihe der Deutschen Akademie für Staats- und Rechtswissenschaft „Walter Ulbricht" zitiert nach *Bieberstein* S. 44 Anm. 117: „Prinzip für die Anerkennung kann nicht wie oftmals behauptet wird, das Effektivitätsprinzip sein, denn effektiv vom Standpunkt der Gewalt aus kann auch die despotische gegen das Volk gerichtete Macht sein. Prinzip für die Anerkennung von Regierungen muß das Prinzip der Volkssouveränität sein, d. h. der Grundsatz, daß diese Regierung die Interessen des Volkes zum Ausdruck bringt, daß sie den Willen des Volkes verwirklicht, daß sie die Unterstützung des Volkes genießt, daß sie Vertreter des Volkes ist, nicht Vertreter dieser oder jener Gruppe des Finanzkapitals", sowie für den panamerikanischen Bereich *Amador* S. 53.
[218] Vgl. oben S. 65.

B. Demokratische Legitimität und konstitutionelle Legalität

timation fast gänzlich aus der amerikanischen Anerkennungspraxis verschwunden[219]. Von einer europäischen Praxis zum Legitimitätsprinzip kann höchstens im Falle Großbritanniens gesprochen werden. Doch machen die Aktenstücke hierzu deutlich, daß die Zustimmung der Bevölkerung keine eigenständige Anerkennungsvoraussetzung war; vielmehr galt sie der britischen Diplomatie als Beweis für die Effektivität der ausgeübten Herrschaft[220]. Wie die Vereinigten Staaten, so verzichtete auch Großbritannien in neuerer Zeit zunehmend darauf, die völkerrechtliche Anerkennung eines Sachverhaltes von der Legitimierung durch die betroffene Bevölkerung abhängig zu machen.

2. Verstößt die Nichtanerkennung einer Regierung wegen ihrer fehlenden demokratischen Legitimation gegen das Interventionsverbot?

Völkerrechtswidrig ist nach der heute herrschenden Auffassung eine Intervention nur dann, wenn sie sich als diktatorische Einmischung gegen den Willen des betroffenen Staates in dessen innere oder äußere Angelegenheiten darstellt[221]. Wesentlich für den Unrechtscharakter der Einmischung ist die Androhung oder Anwendung von Gewalt, um den Willen des Staates zu beugen[222]. Da in der Weigerung, einen Staat oder eine Regierung anzuerkennen, keine Gewaltandrohung liegt, fehlt einem solchen Verhalten jeder Interventionscharakter[223]. Auch eine Erweiterung des Interventionsbegriffes auf alle Eingriffe eines Staates in die kraft des Prinzipes der Selbstbestimmung einem anderen Staat zustehenden Rechte, wie sie *Teuscher* für das geltende Völkerrecht u. a. aus der von der Vollversammlung der Vereinten Nationen verabschiedeten Erklärung über die Rechte und Pflichten der Staaten, sowie Art. 15 der Charta von Bogota ableitet[224], hätte eine Änderung

---

[219] Vgl. oben S. 68.
[220] Vgl. die britische Anerkennungspraxis oben S. 107—111; in diesem Sinne in der Literatur *Lauterpacht* Recognition S. 115 ff. und *Fenwick* in IAJY S. 36.
[221] Vgl. oben S. 41; in diesem Sinne auch *Tobar* in seinem Brief an den bolivianischen Konsul in Brüssel v. 15. 3. 1907 in RGDIP XXI (1914) S. 482 bis 485.
[222] A. A. *Berber* I S. 185—86; *Pradier - Fodéré* S. 551—52; *Thomas - Thomas* Non-Intervention S. 68—69; vgl. auch Schreiben des persönlichen Vertreters Präsident *Tinocos*, *Guardia* an den amerikanischen Staatssekretär *Lansing* v. 4. 7. 1917 in Hackworth I S. 236.
[223] *Kelsen* Principles S. 403; *Lecharny* S. 142; *Redslob* in RDI S. 437; *Schwarzenberger* in RC S. 236; *Spiropoulos* S. 46.
[224] *Teuscher* S. 76 ff. stützt seine Argumentation darauf, daß sowohl im panamaischen Entwurf einer Erklärung über die Rechte und Pflichten der Staaten, als auch in der von der Vollversammlung verabschiedeten Fassung (AJIL 44 1950 Suppl. S. 15 ff.) neben dem Verbot der Gewaltanwendung

3. Kap.: Das demokratische Legitimitätsprinzip im Völkerrecht

der Rechtslage nur dann zur Folge, wenn es ein Recht des neuentstandenen Staates oder der revolutionären Regierung auf Anerkennung gäbe, dem eine entsprechende Pflicht zur Anerkennung nach Erfüllung bestimmter völkerrechtlich normierter Anerkennungsvoraussetzungen gegenüberstünde. Die Staatenpraxis[225] und in Übereinstimmung mit ihr der überwiegende Teil der Lehre[226] verneint eine solche Pflicht. Es steht im Belieben jedes Staates, zu entscheiden, wann und unter welchen Voraussetzungen er einen Staat oder dessen Regierung anerkennen will. Da ein Staat schon vor seiner Anerkennung unter dem Schutz des Völkerrechtes steht, wird die Rechtsstellung der nichtanerkannten Staatsgewalt dadurch nur unwesentlich beeinträchtigt[227]. Es soll hier

---

oder Androhung (Art. 16, 9) außerdem ein Interventionsverbot enthalten ist (Art. 5, 3).

Art. 15 der Charta von Bogota hat folgenden Wortlaut: „No State or group of States has the right to intervene directly or indirectly, for any reason whatever, in the internal or external affairs of any other state. The foregoing principle prohibits not only armed force but also any other form of interference or attempted threat against the personality of the State or against its political, economic and cultural elements" (AVR 1948/49 S. 478).

[225] Neben der in dieser Arbeit angeführten Staatenpraxis s. auch *Moore* Digest I S. 72; *Hackworth* I S. 161; *Smith* S. 77; *Whiteman* II S. 5—14, sowie das Memorandum des Generalsekretärs der Vereinten Nationen zur Frage der Vertretung Chinas in den UN v. 8. 3. 1950 in *Wright* Thoughts S. 548.

[226] *Anderson* S. 166; *Arendt* S. 78; *Berber* I S. 235; *Bignon* S. 43; *Bindschedler* S. 15; *Bonfils - Fauchille* S. 108; *Branganca de Azevedo* S. 23; *Briggs* Recognition S. 119; *Brown* Legal Effects S. 619; *Brownlie* S. 85; *Charpentier* S. 290; *Dennis* S. 208; *Gemma* S. 301, 334; *Goebel* S. 66; *Heffter* S. 98; *Hornbeck* S. 181; *Hyde* I S. 160; *Kelsen* Principles S. 403; der gleiche in AJIL S. 610; *Kraus* in Gegenwartsfragen S. 665; *Kunz* in *Stier - Somlo* S. 37, 125; der gleiche in AJIL S. 718; *Lecharny* S. 142; *Le Normand* S. 52; *Lorimer* S. 338; *Menzel* Völkerrecht S. 141; *Moser* Grundsätze S. 90, 103; *Nys* in RDILC S. 294; *O'Connel* S. 143, 147; *Papaligouras* S. 217; *Podesta - Costa* S. 52; *Raestad* S. 275; *Redslob* Principles S. 53; der gleiche in RDI S. 434; *Schätzel* S. 59; *Spiropoulos* S. 46; *Touscoz* S. 124; *Verdross* S. 248; *Wengler* I S. 787; *Wheaton* S. 28; *Fischer-Williams* in RC S. 238, 243; Art. 1, 10 der vom Institut de Droit International in Brüssel im April 1936 angenommenen Resolution über die Anerkennung neuer Staaten und Regierungen in AJIL 30 (1936) Suppl. S. 185—186.

Fauchille I S. 318 und *Noel - Henry* S. 220 verneinen nur die Pflicht zur Anerkennung eines Staates.

a. A. *Baty* S. 470, *Bluntschli* Völkerrecht S. 71; *Borchard* Recognition S. 110; *Chen* S. 53; *Fiore* S. 279; *Fenwick* in IAJY S. 19 Anm. 4; *Herder - Wünsche* S. 923; *Kleist* S. 32; *Lauterpacht* Recognition S. 6, 141; *Rougier* S. 488; *Scelle* Mexique S. 128; s. auch den bei *Freeman* S. 378 abgedruckten Auszug aus einem Entwurf des Inter American Juridical Committee für eine Kodifikation des geltenden Völkerrechts.

Nach *Fauchille* I S. 321 und *Noel - Henry* S. 218 besteht eine Pflicht zur Anerkennung nur gegenüber einer neuen Regierung.

[227] So kann beispielsweise im angelsächsischen Bereich nur eine anerkannte Regierung vor Gericht als Klägerin auftreten, und häufig legen die Gerichte den Rechtsakten einer nicht anerkannten Regierung keine rechtserhebliche Bedeutung bei. S. dazu *Chen* S. 135 ff.; *Kunz* in *Stier - Somlo* S. 154 ff.; *Ross* S. 112, 118; *Stille* S. 44 ff., 85.

B. Demokratische Legitimität und konstitutionelle Legalität

nicht geleugnet werden, daß einem Land durch die Weigerung, seine Regierung anzuerkennen, schwerer Schaden zugefügt werden kann, so beispielsweise wenn die Nichtanerkennung gegenüber einem wirtschaftlich schwachem Lande praktiziert wird, dessen Kreditwürdigkeit davon abhängt. An der rechtlichen Beurteilung können diese besonderen Umstände jedoch nichts ändern. Nur eine rechtswidrige Schädigung erfüllt den Tatbestand des völkerrechtlichen Deliktes, rechtswidrig ist die Nichtanerkennung aber gerade nicht. Ebensowenig Überzeugungskraft besitzt das in der Literatur häufig anzutreffende Argument, die Anerkennungsvoraussetzungen der demokratischen Legitimation und der Verfassungsmäßigkeit verstießen gegen das Rechtsprinzip der staatlichen Selbstbestimmung, demzufolge es jedem Staat freistehe, sich eine ihm gemäße Regierungsform auch auf revolutionärem Wege zu geben[228]. In der Ausübung seiner Rechte wird ein Staat nicht durch das rechtmäßige Verhalten der übrigen Staaten beeinträchtigt. Das Selbstbestimmungsrecht der Staaten gewährt diesen keinen Anspruch auf völkerrechtliche Anerkennung[229].

---

[228] *Brown* Recognition S. 338; *Fauchille* I S. 321; *Heilborn* S. 717; *Kohl* S. 53; *Marek* S. 54—56; *Peck* S. 184; *Scelle* Mexique S. 129—30; *Stowell* in AJIL S. 303.
Die Verweigerung der Anerkennung mit der Begründung, daß die betreffende Regierung der demokratischen Verfassungsmäßigkeit ermangele, wird auch von *Arendt* S. 86; *Baty* S. 487; *Bracht* S. 49; *Chen* S. 111; *Kerstein* S. 257; *Kunz* in Stier - Somlo S. 151; *Lomnitz* S. 67; *Larnaude* S. 497; *Noel - Henry* S. 219; derselbe in RGDIP S. 263; *Pinto* S. 359 und *Rougier* S. 489 als völkerrechtswidrige Intervention angesehen. *Bieberstein* (S. 46 Anm. 121, 47) will das nur für die Forderung nach Verfassungsmäßigkeit gelten lassen, nimmt die demokratische Legitimität jedoch davon aus.

[229] Damit entfällt auch jeder mögliche Vorwurf gegen die *Hallsteindoktrin*. Weder die bloße Rechtsbehauptung eines Alleinvertretungsanspruches, noch dessen Verwirklichung durch eine Politik der Nichtanerkennung gegenüber solchen Staaten, die diplomatische Beziehungen zur DDR aufnehmen, verstößt gegen das völkerrechtliche Interventionsverbot (siehe dazu *Hoffmann* S. 60—61, 63).

Viertes Kapitel

Ansätze zu einem Legitimitätsprinzip in der Völkerrechtsliteratur der DDR

Anders als die Bundesregierung bestreitet die DDR nicht die Staatseigenschaft der Bundesrepublik. Ihre Legitimitätsbehauptung bezieht sich daher auch nicht auf zwei miteinander rivalisierende Regierungen, sondern auf die innerhalb des früheren Reichsgebietes miteinander rivalisierenden beiden deutschen Staaten[1]. Maßstab für die Beurteilung der Legitimität eines Staates ist nach der östlichen Legitimitätsbehauptung neben den objektiven Entwicklungsgesetzen der menschlichen Gesellschaft, wie sie sich aus dem dialektischen Materialismus ergeben[2], vor allem das Potsdamer Abkommen[3]. Die von Partei und Regierung und im Anschluß daran auch von der Völkerrechtswissenschaft der DDR aufgestellte Behauptung, die DDR sei der einzig rechtmäßige deutsche Staat und folglich allein berechtigt, im Namen Deutschlands zu sprechen[4], enthält eine Rechtmäßigkeitsfeststellung im historischen Sinne wie hinsichtlich des geltenden Völkerrechtes, sie umfaßt die Legitimität wie die Legalität des ostdeutschen Staates[5]. Die Legitimität der DDR ergibt sich für die DDR-Autoren aus der Tatsache, daß sie als „das Produkt gesamtnationaler Klassenkämpfe die Verkörperung der Ziele dieser Klassenkämpfe und damit die Perspektive der ganzen deutschen Nation darstellt"[6]. Eine sozialistische Demokratie gibt nach dieser Auffassung einem Staat eine höhere Form der demokratischen Legitimation als die Herrschaft des bürgerlichen Parlamentarismus[7], der letztlich nur einen Umweg bei der Erreichung des unvermeidlichen

---

[1] *Hoffmann* S. 43.
[2] Erklärung Walter *Ulbrichts* vor der Volkskammer v. 27. 9. 1955 in *Deuerlein* S. 417; *Oeser* in Deutschlandfrage S. 168.
[3] *Kegel* S. 40; *Kröger* Das Potsdamer Abkommen S. 1470 ff.; derselbe in Hallsteindoktrin S. 1213; *Oeser* in Deutsche Außenpolitik S. 85—86; *Schirmer* S. 658.
[4] Erklärung **Walter** *Ulbrichts* vor der Volkskammer vom 26. 9. 1955 in *Deuerlein* S. 417; Das Programm der SED von 1963, eingeleitet und kommentiert von Stefan *Thomas*, S. 42—43; Erklärung der DDR-Regierung zur Aufnahme diplomatischer Beziehungen zwischen der Bundesrepublik und Israel v. 15. 5. 1965 in AdG 1965 S. 11866.
[5] *Kröger* Hallsteindoktrin S. 1213—14; *Oeser* in Deutsche Außenpolitik S. 85.
[6] *Oeser* in Deutschlandfrage S. 168.
[7] *Kegel* S. 23.

4. Kap.: Ansätze zu einem Legitimitätsprinzip

Endstadiums der sozialistischen Gesellschaft bedeute[8]. Mit der Gründung eines deutschen Staates, in dem die Herrschaft der Monopole gebrochen und der Aufbau des Sozialismus in vollem Gange sei, habe die Bevölkerung der DDR stellvertretend für den an der Mitwirkung verhinderten Teil Deutschlands das Selbstbestimmungsrecht des deutschen Volkes in Übereinstimmung mit den historischen Gesetzmäßigkeiten verwirklicht[9].

Zugleich sei damit, was den Legalitätsanspruch der DDR begründet, den Bestimmungen des Potsdamer Abkommens über die Beseitigung von Nazismus und Militarismus und die Entflechtung der Konzernwirtschaft entsprochen[10]. Im Gegensatz dazu ist die Bundesrepublik nach Meinung der DDR-Juristen nicht nur historisch illegitim, sondern darüber hinaus auch illegal vom Standpunkt des geltenden Völkerrechts aus[11]. Die Vereinbarungen der Anti-Hitler-Koalition und hier besonders des Potsdamer Abkommen legen Deutschland nach dieser Auffassung bestimmte Verpflichtungen hinsichtlich seiner Verfassung auf, die von der Bundesrepublik bewußt mißachtet wurden. Sie kam weder der alliierten Aufforderung zur Entflechtung nach, noch wurde der Staatsapparat völlig von nationalsozialistischen Elementen gesäubert. In Verbindung mit der von der SED behaupteten Politik der Aufrüstung und des Revanchismus begründet diese Tatsache die Völkerrechtswidrigkeit des westdeutschen Staates[12]. Nicht mehr einzelne Handlungen, sondern Entstehung und Struktur der Bundesrepublik werden von den ostdeutschen Autoren für völkerrechtswidrig erklärt.

Als Konsequenz daraus hält *Kröger* die schon der Völkerrechtsgemeinschaft angehörenden Staaten für verpflichtet, neuentstandene Staaten, die auf dem Boden des demokratischen Völkerrechts stehen, anzuerkennen. Die Weigerung, dieser Verpflichtung nachzukommen, ist nach *Kröger* völkerrechtswidrig[13].

Aus dieser Feststellung zieht er andererseits nicht den Umkehrschluß, daß alle Staaten verpflichtet seien, völkerrechtswidrigen Staaten die Anerkennung zu verweigern[14]. Vielmehr komme es darauf an,

---

[8] *Oeser* in Deutschlandfrage S. 168.
[9] *Arzinger* S. 339 ff.; *Kegel* S. 26 ff.; *Kröger* Festschrift S. 153, 156.
[10] Erklärung Walter *Ulbrichts* vor der Volkskammer v. 26. 9. 1955 in *Deuerlein* S. 417; Beschluß des ZK der SED v. 27. 10. 1955 in *Oeser* Deutschlandfrage S. 167; Erklärung Walter *Ulbrichts*, Neues Deutschland v. 31. 3. 1957; *Kröger* Festschrift S. 161, 162; der gleiche in Potsdamer Abkommen S. 1469 bis 70.
[11] *Kröger* Hallsteindoktrin S. 1213; *Schirmer* S. 658.
[12] Vgl. beispielsweise programmatische Erklärung des Staatsratsvorsitzenden Walter *Ulbricht* v. 4. 10. 1960 in AdG 1960 S. 8673 D (8674); *Kröger* Festschrift S. 162.
[13] *Kröger* Hallsteindoktrin S. 1218; im Ergebnis ebenso *Herder - Wünsche* S. 923.
[14] *Kröger* Hallsteindoktrin S. 1218.

„ob die Anerkennung eines derartigen Staates durch völkerrechtlich rechtmäßige Staaten dazu dient und geeignet ist, im Wege der Einbeziehung dieses Staates in vertragliche und sonstige internationale Bindungen, im Wege einer wirksameren internationalen Beeinflussung seiner Politik die völkerrechtswidrigen Seiten und Elemente seines internationalen Verhaltens einzudämmen oder allmählich abzubauen"[15]. Nur ein rechtmäßiger Staat hat nach *Kröger* Anspruch auf volle Gleichberechtigung. Zwar ist grundsätzlich jeder effektiv bestehende Staat Anküpfungssubjekt für völkerrechtliche Rechte und Pflichten, für Art und Umfang dieser Rechte und Pflichten sind jedoch allein die Prinzipien des demokratischen Völkerrechtes, vor allem sein grundlegendes Prinzip der Sicherung der friedlichen Koexistenz bestimmend[16].

Sieht man einmal von den Potsdamer Vereinbarungen ab, deren Verbindlichkeit für die beiden deutschen Staaten, die das Abkommen bekanntlich nicht unterzeichnet haben, höchst umstritten ist[17], so führen die von *Kröger* für die Völkerrechtsmäßigkeit eines Staates aufgestellten Kriterien, daß seine Politik und Entwicklungstendenz der Aufrechterhaltung und Festigung des internationalen Friedens und der Sicherheit dienen und auf die Herausbildung und Erweiterung freundschaftlicher Beziehungen zwischen den Staaten gerichtet sein muß[18], zu dem absurden Ergebnis, daß sämtliche imperialistischen Staaten völkerrechtswidrig sind, da ihre Politik bekanntlich von den kommunistischen Ländern als friedensfeindlich bezeichnet wird[19]. Die Handlungen eines Staates können völkerrechtswidrig sein, seine Existenz nicht. Daher ist es auch unzulässig, die Rechtsstellung eines Staates zu beschränken, indem man ihm die zu den anerkannten Rechtsprinzipien der Völkerrechtsgemeinschaft[20] gehörende Gleichberechtigung vorenthält. Jede Staatsgewalt, die sich wirklich und auf die Dauer durchgesetzt hat, hat die sich aus dem Völkrrrecht ergebenden Rechte und Pflichten[21]. Daß das Völkerrecht keine Verpflichtung zur Anerkennung eines Staates oder einer de facto Regierung kennt, wurde schon im vorhergehenden Kapitel gesagt.

---

[15] *Kröger* Hallsteindoktrin S. 1218.
[16] *Kröger* Hallsteindoktrin S. 1215.
[17] Vgl. dazu die Stellungnahme der Bundesregierung im Verfahren gegen die KPD vor dem Bundesverfassungsgericht bei *Faust* S. 70—72. Nach Ansicht der Bundesregierung, der sich der Autor anschließt (S. 75) handelt es sich bei dem Potsdamer Abkommen um einen Vertrag zu Lasten Dritter, der für keine der beiden deutschen Regierungen Rechte und Pflichten erzeugt.
[18] *Kröger* Hallsteindoktrin S. 1211.
[19] *Schirmer* S. 659.
[20] *Berber* I S. 208 ff.
[21] *Dahm* I S. 80.

Fünftes Kapitel

Die Stimsondoktrin — ein Anwendungsfall des völkerrechtlichen Legalitätsprinzipes

Der in zwei gleichlautenden amerikanischen Noten an China und Japan v. 7. 1. 1932[1] enthaltene Grundsatz der Nichtanerkennung eines unter Verletzung des *Briand-Kellogg-Paktes* herbeigeführten Gebietswechsels wird von der Literatur häufig in enge Verbindung zum dynastischen und demokratischen Legitimitätsprinzip gebracht[2], ist jedoch ein Anwendungsfall des völkerrechtlichen Legalitätsprinzipes, da Maßstab für die Anwendungsfähigkeit eines Sachverhaltes seine positive Rechtmäßigkeit gemessen an einem völkerrechtlichen Vertrag ist. Dieser Unterschied schwindet allerdings dann, wenn wie im Fall des dynastischen Legitimitätsprinzipes Neapel und Österreich durch den Geheimvertrag v. 12. 6. 1815, oder die mittelamerikanischen Republiken in den Verträgen von 1907 und 1923 die Geltung eines bestimmten Legitimitätsprinzipes vertraglich vereinbart und ihm damit völkerrechtliche Relevanz verliehen haben[3]. Legitimität und völkerrechtliche Legalität fallen dann zusammen.

Ähnlichkeit hat die *Stimsondoktrin* vor allem mit dem Talleyrandschen Legitimitätsprinzip, indem beide der Anerkennung eines Gebietserwerbes durch die Staatengemeinschaft rechtserhebliche Bedeutung beimessen. Bei *Talleyrand* tritt die Anerkennung als Rechtstitel an die Stelle der Abtretung, wenn diese aus irgend einem Grunde unmöglich geworden ist[4]. Sie legitimiert die Eroberung, die für sich allein keinen Rechtstitel abzugeben vermag. Diese Möglichkeit der nachträglichen Heilung eines rechtswidrigen Gebietserwerbes durch die Anerkennung seitens der Völkerrechtsgemeinschaft will die *Stimsondoktrin* ver-

---

[1] Text in *McNair* S. 65.
[2] *Bieberstein* S. 166; *Bilfinger* in RC S. 219—20; *Dahm* I S. 135.
[3] *Zivier* S. 26.
Diese Möglichkeit wird von *Lauterpacht* Recognition S. 419 Anm. 4 offensichtlich übersehen, wenn er jede Ähnlichkeit der Stimsondoktrin mit den in den Circulardepeschen von Troppau und Laibach entwickelten Grundsätzen über die Nichtanerkennung revolutionärer, die dynastische Legitimität verletzender Regierungen, leugnet.
[4] Instruktionen für die Gesandten des Königs beim Kongreß entworfen von Talleyrand in *Talleyrand* Memoiren II S. 167—68.

bauen[5]. Wie *Talleyrand* in seinen für den Wiener Kongreß entworfenen Instruktionen geht auch die Stimsondoktrin von der Regel aus, „daß eine Landeshoheit, also auch das Recht, das den Besitz derselben voraussetzt, für die übrigen Staaten nicht existiert, so lange sie dieselbe nicht anerkannt haben"[6]. Das gilt allerdings nur für einen in rechtlicher Hinsicht zweifelhaften Gebietserwerb. Hier beseitigt die Anerkennung im Verhältnis zu dem anerkennenden Staat die Zweifel über die Rechtmäßigkeit[7]. Bei einem rechtmäßigen Gebietserwerb stellt sich die Anerkennungsfrage nicht, da ein solcher auch ohne Anerkennung rechtsgültig ist[8]. Problematisch ist allerdings, ob die Anerkennung einer unter Bruch des *Briand-Kellogg-Paktes* herbeigeführten Situation durch Dritte, die als Unterstützung des Angreifers möglicherweise ihrerseits rechtswidrig ist[9], ein Recht zum Erlöschen bringen kann. Einige Autoren bestreiten den Staaten diese Kompetenz[10]. Nun ist es bestimmt richtig, daß durch die Anerkennung die Rechtswidrigkeit der Annexion nicht beseitigt wird, sie schafft andererseits für den von der Annexion negativ betroffenen Staat eine Lage, in der sein Recht bedeutungslos wird. Die Tatsache, daß die Herrschaft des Eroberers über das annektierte Gebiet von der Staatengemeinschaft nicht mehr bestritten wird, eröffnet diesem die Möglichkeit, sich mittels Ersitzung einen Rechtstitel für den Gebietserwerb zu verschaffen[11]; sie wird so zur Quelle einer neuen Legalität. Diese Auswirkung des Effektivitätsprinzipes zu verhindern, ist der Zweck der an bestimmte Gedankengänge *Talleyrands* anknüpfenden *Stimsondoktrin*. Ihre Anfänge reichen in die achtziger Jahre des vorigen Jahrhunderts zurück[12]. Der ihr zugrunde liegende Gedanke fand in der Folgezeit Eingang in verschiedene Erklärungen und Verträge[13], jedoch ohne, daß eine ein-

---

[5] *Dahm* I S. 606; *Lauterpacht* Recognition S. 413.
[6] Instruktionen für die Gesandten des Königs beim Kongreß, entworfen von Talleyrand in *Talleyrand* Memoiren II S. 166—67.
[7] *Lauterpacht* Recognition S. 411, 412.
[8] *Lauterpacht* Recognition S. 410.
[9] *Dahm* I S. 606; ähnlich *Wehberg* S. 106; *Wright* Denunciation S. 531; a. A. *Lauterpacht* Recognition S. 417 mit der wohl zutreffenden Begründung, daß der *Briand-Kellogg-Pakt* keine Verpflichtung zur Nichtanerkennung enthält, weil „a State signing a treaty does not automatically undertake a legal obligation to contribute to its enforcement by a refusal of recognition or otherwise."
[10] *Dahm* I S. 606; *Fischer - Williams* in RC S. 282 ff.; *Wehberg* S. 106.
[11] S. dazu *Dahm* I S. 593—95 und die dort angeführte Praxis; *Berber* I S. 346—47; *Verdross* S. 288.
[12] Entschließung der Panamerikanischen Konferenz von Washington 1890 bei *Langer* S. 36; s. auch die Antwortnote der Vereinigten Staaten auf die 21 Forderungen Japans v. 11.5.1915 bei *Langer* S. 54, in der die USA der Expansionspolitik Japans in China entgegentraten.
[13] Vgl. die Resolution der Völkerbundsversammlung v. 11.3.1932 abgedruckt bei *Langer* S. 62—63; Erklärung der 19 amerikanischen Republiken v. 3.8.1932 zum Chaco-Konflikt zwischen Paraguay und Bolivien in AJIL 28

5. Kap.: Die Stimsondoktrin — ein Anwendungsfall

heitliche Staatenpraxis den Schluß auf die Herausbildung einer völkerrechtlichen Norm zuließe[14]. Während die verschleierte Annexion der Mandschurei durch Errichtung des Puppenstaates Mandschukuo nur von wenigen Staaten, unter ihnen Deutschland und Italien anerkannt wurde[15], und die Vereinigten Staaten der Annexion der baltischen Staaten durch die Sowjetunion bis heute die Anerkennung verweigert haben[16], wurde sowohl die Einverleibung Abbessiniens in das Königreich Italien[17] als auch die Österreichs in das Großdeutsche Reich[18] allgemein anerkannt. Das gilt auch für die Annexion Hyderabads und Goas durch Indien[19].

Auf eine ausführliche Darstellung dieser Vorgänge kann hier verzichtet werden, da die *Stimsondoktrin*, was bereits eingangs hervorgehoben wurde, kein Ausdruck eines irgendwie gearteten Legitimitätsprinzipes ist, sondern gleich dem von *Talleyrand* formulierten Legitimitätsprinzip die Forderung nach völkerrechtlicher Legalität zum Inhalt hat. Die eingehende Befassung mit dem letzteren rechtfertigt sich aus dem historischen Sprachgebrauch, wie aus der Tatsache, daß eine große Anzahl staats- und völkerrechtlicher Autoren des vorigen Jahrhunderts zwischen dem dynastischen Legitimitätsprinzip und den von *Talleyrand* entwickelten Vorstellungen keinen Unterschied macht[20].

(1934) Suppl. S. 168; Art. 11 der Konvention von Montevideo über die Rechte und Pflichten der Staaten in AJIL 28 (1934) Suppl. S. 77; Art. 2 des am 10. 10. 1933 von Argentinien, Brasilien, Chile, Mexiko, Paraguay und Uruguay unterzeichneten Antikriegsvertrages in AJIL 28 (1934) S. 79; Präambel der Akte von Chapultepec v. 8. 3. 1945 in *Langer* S. 83; Art. 17 der Charta von Bogota in AVR 1 (1948/49) S. 475 ff.; Art. 11 der von der Vollversammlung angenommenen Erklärung über die Rechte und Pflichten der Staaten in AJIL 44 (1950) Suppl. S. 15 ff.
[14] *Dahm* I S. 608. Die Meinungen im Schrifttum sind geteilt, vgl. die Aufstellung bei *Dahm* I S. 608 Anm. 20.
[15] S. dazu *Langer* S. 123—31.
[16] *Meissner* S. 84—95, 118 ff., 291.
[17] *Langer*, S. 132—54.
[18] *Langer* S. 155—206.
[19] United Nations Yearbook 1947/48 S. 458 f. und 1948/49 S. 298 f.
[20] Vgl. oben S. 18 Anm. 22.

Schlußbemerkung

Seit dem Wiener Kongreß hat das von den Staatsmännern mit unterschiedlicher Bedeutung ausgestattete Legitimitätsprinzip einen Platz in der wissenschaftlichen Diskussion behauptet. Seine verschiedenen Inhalte entziehen es einer klaren Definition. Wenn auch in der neueren staats- und völkerrechtlichen Literatur die Tendenz sichtbar wird, zwischen Legitimität und Legalität zu unterscheiden, so hat sich diese Unterscheidung bis heute doch nicht durchsetzen können[1]. In seiner wechselvollen Geschichte stand das Legitimitätsprinzip sowohl für das Bemühen, die staatliche Machtausübung an die Normen des Völkerrechtes zu binden, wie für den gleicherweise gescheiterten Versuch, politische Doktrinen als Maßstab für die Rechtmäßigkeit der Ausübung von Staatsgewalt im Völkerrecht zu verankern. Historisch lassen sich drei Etappen in der Entwicklung des Legitimitätsprinzipes unterscheiden. Auf dem Wiener Kongreß diente es zur Verteidigung der Rechte eines Hauses gegen alle anderen Ansprüche, im Zeitalter der Heiligen Allianz sollte es die monarchische Gewalt gegen das Vordringen konstitutioneller und revolutionärer Bewegungen schützen, und nach deren Niederlage bediente sich die siegreiche demokratische Regierungsform des Legitimitätsprinzipes, um sich gegenüber den auftauchenden Diktaturen zu behaupten[2]. Gemeinsam ist allen Ausformungen des Legitimitätsprinzipes nur der konservative Charakter[3]. In jedem Falle verfolgte die Berufung auf das Legitimitätsprinzip den Zweck, das Bestehende zu erhalten, sei es die innerstaatliche oder die Staatenordnung. Doch weder das eine noch das andere gelang. Die Annexion blieb auch nach dem Wiener Kongreß ein gültiger völkerrechtlicher Erwerbstitel, ein Interventionsrecht zugunsten der bedrohten dynastischen Legitimität ließ sich nicht durchsetzen, und von dem Versuch, die dynastische und später die demokratische Legitimität zu unabdingbaren Anerkennungsvoraussetzungen zu erheben, blieb nur das Rechtsinstitut der de facto Anerkennung.

Hier setzen nun die Zweifel über Nützlichkeit und Wirksamkeit eines solchen Prinzips ein. *Talleyrands* Legitimitätsprinzip war eine Hilfskonstruktion zur Durchsetzung eines allgemeinen Annexionsver-

---
[1] S. 13 Anm. 3 oben.
[2] Ähnlich *McMahon* S. 4; *Noel - Henry* in RGDIP S. 247 Anm. 154.
[3] *Berber* I S. 74.

botes in einem monarchisch verfaßten Europa. Seine Betrachtung erübrigt sich gleich der des dynastischen Legitimitätsprinzipes aus naheliegenden Gründen. Bleibt das demokratische Legitimitätsprinzip, das in seiner engen Verbindung mit dem konstitutionellen Legalitätsprinzip den Versuch darstellt, nicht demokratisch verfaßte Staaten vom gleichberechtigten völkerrechtlichen Verkehr auszuschließen. Doch was sind „nicht demokratisch verfaßte Staaten"? Welcher Demokratiebegriff liegt einer solchen Beurteilung zu Grunde? Ist es vertretbar, unseren auf *Montesquieu* zurückgehenden, Gewaltenteilung und Rechtsstaatlichkeit umfassenden Demokratiebegriff für allgemeinverbindlich zu erklären und der von *Rousseau* inspirierten „Volksdemokratie" die Bezeichnung demokratisch zu verweigern? Mit der Errichtung faschistischer Diktaturen in Italien, Deutschland und Spanien zwischen den Kriegen ging die Homogenität der europäischen Völkerrechtsgemeinschaft verloren. Ein gemeinsames, alle europäischen Staaten legitimierendes Prinzip ist seit dieser Zeit nicht mehr vorhanden[4]. Diese Entwicklung wurde durch das Auftauchen kommunistischer Staatlichkeit in Osteuropa noch verstärkt. Selbst als die heute miteinander rivalisierenden ideologischen Lager im Rahmen ihrer antifaschistischen Kriegskoalition gezwungen waren, sich auf gewisse Grundsätze für einen europäischen Wiederaufbau zu einigen, wozu auch die demokratische Verfassung der befreiten Länder gehörte, handelte es sich dabei nur um einen dilatorischen Formelkompromiß, dessen Ausführung an den unterschiedlichen Auffassungen über Bedeutung und Sinngehalt des Begriffes Demokratie scheiterte. Auch die aus der Entkolonialisierung hervorgegangenen Staaten Afrikas und Asiens haben sich fast ohne Ausnahme von den westlich demokratischen Formeln staatlicher Organisation ab und einer mehr oder minder offenen sozialen Diktatur zugewandt. Da die Staatengemeinschaft keine einheitlichen Grundvorstellungen mehr besitzt, erscheint es wenig sinnvoll, normative Prinzipien in die internationale Rechtsordnung aufzunehmen. Allein eine auf die Effektivität abstellende Betrachtungsweise verhindert die völlige Auflösung der Völkerrechtsordnung in verschiedene weltanschaulich differenzierte Rechtskreise, auch wenn diese Rechtsordnung nur sehr schwach entwickelt ist[5].

Von den Schwierigkeiten bei der inhaltlichen Bestimmung des Begriffes Demokratie abgesehen, erscheint die demokratische Legitimation der Staatsgewalt als Voraussetzung ihrer Anerkennung auch wenig wirkungsvoll, die Entstehung von Diktaturen zu verhindern. Die jüngste Geschichte bietet genügend Beispiele einer „legalen Revolution", bei der das Problem der Anerkennung gar nicht erst auftaucht.

---
[4] *Papaligouras* S. 339; *Pinto* S. 359.
[5] *Bieberstein* S. 169—70; *Hoffmann*, Loccumer Protokolle 1966 S. 35.

So wurde *Mussolini* vom italienischen König mit der Regierungsbildung beauftragt, und *Hitler* empfing getreu den Buchstaben der Weimarer Verfassung aus den Händen des Reichspräsidenten seine Ernennung zum Reichskanzler. Auch das Athener Militärregime bedurfte, solange ihm der König Legalität verlieh, keiner neuen Anerkennung durch die übrigen Mächte. In zunehmendem Maße erweist sich die Waffe der Nichtanerkennungspolitik gegen das Heraufkommen diktatorischer Regime als stumpf.

Aber auch die britische Praxis, die Zustimmung der Regierten nicht als eigenständige Anerkennungsvoraussetzung, sondern als Beweis für die Effektivität der neuen Herrschaftsgewalt zu fordern und so die in der Einführung eines normativen Prinzipes als Vorbedingung der Anerkennung liegende Problematik zu umgehen, gibt Anlaß zu Kritik. Massenverhaftungen, Erschießungen und Deportationen bereiteten das Plebiszit vor, mit dem *Louis Napoleon* den Staatsstreich vom 2. 12. 1851 von einem eingeschüchterten französischen Volk sanktionieren ließ[6]. Am 11. 12. 1851 schrieb die „Times": „Wenn das Volk wahrhaft freiwillig bereit wäre, unbegrenzte Macht in die Hände Louis Napoleon Bonapartes zu legen, wäre es dann nötig, es wie Vieh zu prügeln und mit Knütteln zum Schlachthaus zu treiben?"[7]

Diese Begleitumstände illustrieren den Wert einer solchen Zustimmung des Volkes. Allein die Garantie der Rede-, Presse- und Versammlungsfreiheit sowie die Zulassung einer Opposition lassen Wahlergebnisse als ein zuverlässiges Barometer für die Volksmeinung erscheinen[8].

Andererseits haben die Erfahrungen mit den faschistischen und bolschewistischen Diktaturen der vergangenen vier Jahrzehnte deutlich genug gezeigt, daß die Effektivität einer Regierung nicht unbedingt von dem Grad ihrer demokratischen Legitimation abhängig ist[9]. Eine auf einer solchen Behauptung fußende Anerkennungspraxis dürfte sich daher heute nicht mehr aufrecht erhalten lassen.

Aus alledem ergibt sich, daß die demokratische Legitimation der Staatsgewalt als Vorbedingung ihrer Anerkennung im gegenwärtigen Völkerrecht keine Zukunft hat; wenigstens so lange nicht, wie der fast einhelligen Berufung auf demokratische Ideale[10] keine inhaltliche Übereinstimmung zugrunde liegt.

---

[6] *Grothe* S. 72 ff.
[7] *Grothe* S. 93.
[8] *Fenwick* in AJIL 38 (1944) S. 449.
[9] *Bieberstein* S. 43 Anm. 116.
[10] *Krippendorf* S. 1.

Literaturverzeichnis

Akademie der Wissenschaften der UdSSR: Völkerrecht, Berlin 1960.

Alexandrowicz-Alexander, Charles Henry: The Quasi-Judicial Function in Recognition of States and Governments in: AJIL 46 (1952) S. 631—40.

— The Theory of Recognition in Fieri in: BYIL 34 (1958) S. 176—198.

Amador, Garcia: El Reconocimiento de Gobiernos de facto y la Proteccion International de los Derechos del Hombre in: Anuario juridico interamericano 1949 S. 47—60.

Anderson, Chandler P.: The Central American Policy of Non-Recognition in: AJIL 19 (1925) S. 164—66.

— Our Policy of Non-Recognition in Central-America in: AJIL 25 (1931) S. 298—301.

Anzilotti, Dionisio: Lehrbuch des Völkerrechts, Berlin 1929.

Arechaga, Eduardo Jimenez de: Reconocimiento de Gobiernos, Montevideo 1947.

Arendt, Heinz-Carl: Die Anerkennung in der Staatenpraxis, Dissertation, Berlin 1938.

Armbruster, Hubert: Selbstbestimmungsrecht in: Strupp-Schlochauer WVR III, Berlin 1962 S. 250—55.

Arndt, Adolf: Der deutsche Staat als Rechtsproblem, Berlin 1960.

Arzinger, Rudolf: Das Selbstbestimmungsrecht im allgemeinen Völkerrecht der Gegenwart, Berlin 1966.

Ball, Margaret: Die deutsch-österreichische Anschlußbewegung vom völkerrechtlichen Standpunkt, Dissertation, Köln 1934.

Bastid, Paul: L'Idee de Legitimité in: Annales de Philosophie Politique 7, Paris 1967 S. 1—15.

Baty, Thomas: So called „De facto" Recognition in: 31 Yale Law Journal 1922, S. 469—88.

Beck: Reichsritter in: Rotteck - Welcker, Das Staatslexikon 11. Bd., Altona 1848, S. 460—65.

Behr, W. J.: Staatswissenschaftliche Erörterung der Fragen: I Inwiefern ist der Regent eines Staates an die Handlungen seines Regierungsvorfahrers gebunden? ... Bamberg und Leipzig 1818.

Benz, Heribert: Die rechtliche Stellung der BRD und der DDR zum Deutschen Reich, Dissertation, Kiel 1955.

Berber, Friedrich: Lehrbuch des Völkerrechts Bd. I, München und Berlin 1960.

Berchtold: Standesherren in: Bluntschli - Brater, Deutsches Staatswörterbuch 10. Bd., Stuttgart und Leipzig 1867, S. 163—205.

Berner, Friedrich: Völkerrechtliche Intervention in: Bluntschli - Brater, Deutsches Staatswörterbuch 5. Bd., Stuttgart und Leipzig 1860, S. 341—54.

Bieberstein, Walther Frh. Marschall von: Zum Problem der völkerrechtlichen Anerkennung der beiden deutschen Regierungen, Berlin 1959.
— Gibt es zwei deutsche Staaten? in: Deutsche Zeitung Nr. 34 v. 27. 4. 1957, S. 4.
Bigler, Kurt: Bismarck und das Legitimitätsprinzip bis 1862, Winterthur 1955.
Bignon, Louis Pierre Edouard: Du Congrès de Troppau, Paris 1821.
Bilfinger, Carl: Vollendete Tatsachen und Völkerrecht in: ZfaöRVR 15 (1953/54), S. 453 ff.
— Le bases fondamentales de la Communauté des Etats in: RC 63 (1938 I), S. 133—236.
Bindschedler, Rudolf: Die Anerkennung im Völkerrecht in: Berichte der Deutschen Gesellschaft für Völkerrecht Heft 4, S. 1—14.
Bismarck, Otto Fürst von: Gedanken und Erinnerungen 1. Bd., Stuttgart und Berlin 1921.
Bluntschli, Johann Caspar: Allgemeines Staatsrecht 1. u. 2. Bd., 4. Auflage, München 1868.
— Das moderne Völkerrecht der civilisierten Staaten, Nördlingen 1868.
— Legitimität in: Bluntschli - Brater, Deutsches Staatswörterbuch 6. Bd., Stuttgart und Leipzig 1861, S. 352—57.
Bonald, H. von: Die Urgesetzgebung, Coblenz 1827.
Bonfils, Henry - *Fauchille,* Paul: Lehrbuch des Völkerrechts 3. Auflage, Berlin 1904.
Borchard, Edwin: Recognition and Non-Recognition in: AJIL 36 (1942), S. 108—11.
— Review of Stille: Die Rechtsstellung der de facto Regierung in der englischen und amerikanischen Rechtsprechung in: AJIL 26 (1932), S. 926—27.
Bourquin, Maurice: La Sainte-Alliance in: RC 83 (1953 II), S. 381—457.
Bracht, Hans Werner: Der völkerrechtliche Status der „Deutschen Demokratischen Republik" in der allgemeinen gegenwärtigen Völkerrechtslehre in: Jahrbuch für Ostrecht V, 1964, S. 31—81.
Braganca de Azevedo, J. L.: Aspects généraux de la Reconnaissance des Gouvernements, Paris 1953.
Brandweiner, Heinrich: Die Pariser Verträge 2. Auflage, Berlin 1956.
Brie, Siegfried: Die Legitimation einer usurpierten Staatsgewalt, Heidelberg 1866.
Briggs, Herbert: De facto and de jure Recognition: The Arantzazu Mendi in: AJIL 33 (1939), S. 689—99.
— Recognition of States: Some Reflections on Doctrine and Practice in: AJIL 43 (1949), S. 113—121.
Brockhaus, Friedrich: Das Legitimitätsprinzip, Leipzig 1868.
— Zwischenherrschaft in: Franz v. Holtzendorff-Rechtslexikon 3. Auflage, 3. Bd., Leipzig 1881, S. 1503—1505.
Brougham, Henry Lord: Die Staatsmänner während der Regierungsepoche Georg III., Pforzheim 1839—40.
Brown, Philip Marshall: The Recognition of New Governments in: AJIL 26 (1932), S. 336—40.
— The Effects of Recognition in: AJIL 36 (1942), S. 106—08.
— The Legal Effects of Recognition in: AJIL 44 (1950), S. 617—40.

Brownlie, Ian: Principles of Public International Law, Oxford 1966.

Bulmerincq, August: Praxis, Theorie und Codifikation des Völkerrechts, Leipzig 1874.

Bundesministerium für Gesamtdeutsche Fragen: Die Bemühungen der Bundesrepublik um Wiederherstellung der Einheit Deutschlands durch Gesamtdeutsche Wahlen, Dokumente und Akten I. Teil Okt. 1949—Okt. 1953, 4. Auflage, April 1959.
II. Teil November 1953—Dez. 1955, März 1958.
Die Bemühungen der deutschen Regierung und ihrer Verbündeten um die Einheit Deutschlands 1955—1966, herausgegeben v. Auswärtigen Amt, April 1966.

Bynkershoek, Cornelius van: Quaestiorum juris publici libri duo 1737 in: Publications of the Carnegie Endowment for International Peace, Oxford, London 1930.

Calvo, Charles: Le Droit International 3. Ausgabe, Bd. I, Paris 1880.

Charpentier, Jean: La reconnaissance internationale et l'evolution du droit des gens, Paris 1956.

Chateaubriand, Francois René Vicomte de: Der Kongress von Verona Bd. I, Hamburg 1838.

Chen, Ti-Chiang: The International Law of Recognition, London 1951.

Dahm, Georg: Völkerrecht, Stuttgart I. Bd. 1958, II. Bd. 1961, III Bd. 1961.

Decker, Günter: Das Selbstbestimmungsrecht der Nationen, Göttingen 1955.

Dennis, Lawrence: Revolution, Recognition and Intervention in: Foreign Affairs 9 (1930/31), S. 204—221.

Despagnet, Frantz: Cours de Droit International Public, Paris 1894.

Deuerlein, Ernst: Dokumente zur Deutschlandpolitik III. Reihe Bd. 1, Bonn, Berlin, Frankfurt/M. 1961.

Duguit, L. - *Monnier*, H. - *Bonnard*, R.: Les Constitutions et les Principales Lois Politiques de la France depuis 1789 7. Ausgabe, Paris 1952.

Duriez, Edouard: Les Principes de l'Annexion dans les Traités de 1815, Dissertation, Paris 1905.

Edmunds, Sterling E.: Das Völkerrecht — ein Pseudorecht, Berlin und Leipzig 1933.

Erich, Rafael Waldemar: La Naissance et la Reconnaissance des Etats in RC 13 (1926 III), S. 431—507.

Fauchille, Paul: Traité de droit international public I, Paris 1922.

Faust, Fritz: Das Potsdamer Abkommen und seine völkerrechtliche Bedeutung, Frankfurt/M., Berlin 1964.

Fenwick, Charles G.: The Recognition of new Governments instituted by Force in: AJIL 38 (1944), S. 448—52.

— The Recognition of de facto Government in: AJIL 42 (1948), S. 863—66.

— The Problem of the Recognition of de facto Governments in: IAJY 1948, S. 18—39.

— The Recognition of the Communist Government of China in: AJIL 47 (1953), S. 658—61.

Ferrero, Guglielmo: Wiederaufbau — Talleyrand in Wien 1814—15, München 1950.

— Macht, Bern 1944.

Finch, George A.: The recognition of the de facto Government in Mexico in: AJIL 10 (1916), S. 357—67.

Fiore, Pasquale: Nouveau Droit International Public 2. Ausgabe Bd. I, Paris 1885, Bd. II 1885, Bd. III 1886.

Flassan de: Histoire du Congrès de Vienne, Paris 1829.

Fleischmann, Max: Völkerrechtsquellen, Halle 1905.

Fontes Juris Gentium: Handbuch der diplomatischen Korrespondenz der europäischen Staaten 1856—71, Berlin 1932/33.

Foreign Relations of the United States: The Conference of Berlin 1945 I, II, Washington 1960.

Freeman, Alwyn: The first meeting of the inter-American Council of Jurists in: AJIL 44 (1950), S. 374—382.

Friedrich, Carl Joachim: Die Legitimität in politischer Perspektive in: Politische Vierteljahresschrift 1960/61, S. 119—32.

Funck-Brentano, Th. - *Sorel*, Albert: Précis du Droit des Gens, Paris 1877.

Gareis, Karl: Institutionen des Völkerrechts 2. Auflage, Gießen 1901.

Gaudu, Raymond: Essai sur la légitimité des gouvernements dans les rapports avec les gouvernements de fait, Paris 1913.

Geffcken, Heinrich: Das Recht der Intervention in Franz v. Holtzendorff Handbuch des Völkerrechtes 4. Bd., Hamburg 1889, S. 131—158.

Geiger, Martin: Die de facto Anerkennung neuer Staaten, Dissertation, München 1965.

Gemma, Scipione: Les Gouvernements de fait in: RC 4 (1924 III), S. 293—414.

Gentz, Friedrich von: Fragmente aus der neuesten Geschichte des politischen Gleichgewichtes in Europa, St. Petersburg 1806.

— Über den Unterschied zwischen den landständischen und Repräsentativverfassungen in: Klüber - Welcker, Wichtige Urkunden für den Rechtszustand der deutschen Nation, Mannheim 1844.

Ghillany, F. W.: Europäische Chronik von 1492 bis April 1865, Leipzig 1865.

Goebel, Julius: The Recognition Policy of the United States, New York 1915.

Gould, Wesley L.: An Introduction to International Law, New York 1957.

Grewe, Wilhelm: Ein Besatzungsstatut für Deutschland, Stuttgart 1948.

Griewank, Karl: Der Wiener Kongreß und die europäische Restauration, Leipzig 1954.

Grothe, Gerda: Herzog von Morny, Berlin 1966.

Grotius, Hugo: De Jure Belli ac Pacis, Paris 1625, in der Ausgabe von Schätzel, Tübingen 1950.

Guggenheim, Paul: Lehrbuch des Völkerrechts Bd. I, Basel 1948, Bd. II 1951.

Guggenheim, Paul - *Marek*, Krystyna: Völkerrechtliche Verträge in Strupp - Schlochauer WVR Bd. III, Berlin 1962, S. 528—544.

Günther, Karl Gottlob: Europäisches Völkerrecht in Friedenszeiten, Erster Theil, Altenburg 1787, Zweiter Theil 1792.

Hackworth, Green H.: Digest of International Law I, Washington 1940.

— The Policy of the United States in Recognizing new Governments during the past twenty five years in: Proceedings of the American Society of International Law 1931, S. 120—37.

Haedrich, Heinz: Intervention in: Strupp - Schlochauer WVR Bd. II, Berlin 1961, S. 144—47.

Hall, William Edward: A Treatise on International Law 2. Ausgabe, Oxford 1884.

Haller, Karl Ludwig von: Restauration der Staatswissenschaften 2. Auflage, 2. Bd., Winterthur 1820.

Haupt, Lucie: Die Souveränität der beiden in Deutschland bestehenden Staaten in: Staat und Recht 5 (1956), S. 301—321.

Heffter, August Wilhelm: Das Europäische Völkerrecht der Gegenwart, Berlin 1844, 4. Ausgabe, Berlin 1861.

Heffter, August Wilhelm - *Geffcken,* Heinrich: Das Europäische Völkerrecht der Gegenwart, 8. Ausgabe, Berlin 1888.

Heiberg: Das Prinzip der Nichtintervention in seiner Beziehung auf die äußere und innere Organisation des Staates, Leipzig 1842.

Heilborn, Paul: Tobardoktrin in: Strupp WVRD 2. Bd., Berlin und Leipzig 1925, S. 717—18.

Held, Joseph von: Grundzüge des Allgemeinen Staatsrechtes, Leipzig 1868.

— Über Legitimität, Legitimitätsprinzip, Würzburg 1859.

Herder, Gerhard - *Wünsche,* Harry: Die Deutsche Demokratische Republik ist völkerrechtlich anerkannt in: Staat und Recht 1959, S. 917—32.

Hershey, Amos: The Essentials of International Public Law and Organization, New York 1927.

— Notes on the recognition of de facto governments by European States in: AJIL 14 (1920), S. 499—518.

Hettlage, Karl-Maria: Die Intervention in der Geschichte der Völkerrechtswissenschaft und im System der modernen Völkerrechtslehre, Dissertation, Köln 1927.

Heydte, Friedrich August Frh. von der: Völkerrecht Bd. 1 Köln 1958, Bd. 2 1960.

— Legitimität in: Staatslexikon Recht, Wirtschaft, Gesellschaft 6. Aufl., 5. Bd., Freiburg 1960, S. 333—34.

Hirt, Salomon: Legitimität in: Herder — Staatslexikon, 5. Aufl., 3. Bd., Freiburg 1929, S. 876—82.

Hoffmann, Gerhard: Die deutsche Teilung — Staats- und völkerrechtliche Aspekte, Bd. 13 der Schriftenreihe Politik in unserer Zeit, Pfullingen 1969.

— Die Bedeutung des Völkerrechts für die Rechtsbeziehungen zwischen den sozialistischen Staaten und der westlichen Welt, Vortrag gehalten auf dem II. Internationalen Völkerrechtskolloquium in Loccum v. 24.—26. Sept. 1966. Loccumer Protokolle 1966, Nr. 12, S. 22—36.

Holtzendorff, Franz von: Der Staat als völkerrechtliche Persönlichkeit in: Holtzendorff Handbuch des Völkerrechts 2. Bd., Hamburg 1887, S. 1—44.

Hornbeck, Stanley: Recognition of Governments in: Proceedings of the American Society of International Law 44 (1950), S. 181—92.

Huber, Ernst Rudolf: Deutsche Verfassungsgeschichte seit 1789 Bd. 1, Stuttgart 1957.

Huber, Max: Die Staatensuccession, Leipzig 1898.

Hyde, Charles Cheney: International Law Bd. 1, 2. Ausg., Boston 1947.

Jaffe, Louis L.: Judical Aspects of Foreign Relations, Cambridge 1933.

Jäger, Oskar: Geschichte der neuesten Zeit 1789—1889, 2. Aufl., Bielefeld und Leipzig 1884.

Jaup: Standesherren in: Rotteck - Welcker Staatslexikon 12. Bd., Altona 1848, S. 411—20.

Jellinek, Georg: Allgemeine Staatslehre, 3. Aufl., Berlin 1922.

Jessup, Philip: Modernes Völkerrecht, Wien 1950.

Jordan, Silvester: Lehrbuch des allgemeinen und deutschen Staatsrechtes, Cassel 1831.

Kamptz, Karl Albrecht v.: Völkerrechtliche Erörterung des Rechtes der europäischen Mächte, in die Verfassung eines einzelnen Staates sich zu mischen, Berlin 1821.

Kaufmann, Erich: Studien zur Staatslehre des monarchischen Prinzipes, Dissertation, Leipzig 1906.

Kegel, Gerhard: Was ist mit dem Selbstbestimmungsrecht der Deutschen? Berlin 1966.

Kelsen, Hans: La naissance de l'Etat et la formation de sa nationalité in: RDI 4 (1929), S. 613—41.

— Recognition in International Law in: AJIL 35 (1941), S. 605—17.

— The Law of the United Nations, London 1951.

— Reine Rechtslehre, 2. Aufl., Wien 1960.

— General Theory of Law and State, New York 1961.

— Principles of International Law, 2. Ausg., New York, Chicago, San Francisco, Toronto, London 1966.

Kerstein, Johann: Die DDR — ein Staat im Sinne des Völkerrechts in: Staat und Recht 6 (1957), S. 249—60.

Kiss, Alexandre Charles: Répertoire de la Pratique Française en Matière de Droit International Public Bd. III, Paris 1965.

Kleist, Peter: Die völkerrechtliche Anerkennung Sowjetrußlands, Königsberg und Berlin 1934.

Klüber, Johann Ludwig: Acten des Wiener Congresses 7 Bände, Erlangen 1817—27.

— Europäisches Völkerrecht 1. und 2. Bd., Stuttgart 1821.

— Öffentliches Recht des Teutschen Bundes und der Bundesstaaten, 4. Auflage, Frankfurt/M. 1840.

Knubben, Rolf: Die Subjekte des Völkerrechts in: Stier - Somlo, Handbuch des Völkerrechts 2. Bd., Stuttgart 1928.

Kohl, Michael: Die Vertretung Chinas im internationalen Verkehr, Berlin 1957.

Kordt, Erich: Zur rechtlichen Struktur des Ostblocks in: Juristenzeitung 1960, S. 553—57.

Kraft, Johannes: Prinzipien Talleyrands in der Außen- und Innenpolitik, Bonn 1958.

Krakau, Knud: Missionsbewußtsein und Völkerrechtsdoktrin in den Vereinigten Staaten von Amerika, Frankfurt/M., Berlin 1967.

Kraus, Herbert: Die Monroedoktrin, Berlin 1913.

— Bemerkungen zur Frage der Anerkennung und Nichtanerkennung im Völkerrecht in: Internationale Gegenwartsfragen, Würzburg 1963, S. 663 bis 73.

Krauss, Heinrich: Die legitime Regierung, Dissertation, München 1951.

Kreutzer, Heinz: Gibt es zwei deutsche Staaten? Vortrag vor dem Königsteiner Kreis v. 6. 6. 1964.

Krippendorff, Ekkehart: Legitimität als Problem der Politikwissenschaft in: Zeitschrift für Politik 9 (1962), S. 1—11.

Kröger, Herbert: Das demokratische Völkerrecht und die Grundlagen der Bonner „Hallsteindoktrin" in: Staat und Recht 1961, S. 963—86, 1187—1221.

— Das Potsdamer Abkommen — eine internationale Rechtsgrundlage des nationalen Kampfes des deutschen Volkes in: Staat und Recht, 1960, S. 1456—1483.

— Die DDR — der rechtmäßige deutsche Staat und legitime Vertreter des deutschen Volkes in: „Staat und Recht im Lichte des Großen Oktober" Festschrift zum 40. Jahrestag der Großen Sozialistischen Oktoberrevolution, Berlin 1957, S. 121 ff.

Kruse, Hans: Monroe-Doktrin in: Strupp - Schlochauer WVR 2. Bd., Berlin 1961, S. 548—50.

Kunz, Joseph: Staatsgewalt de facto in: Strupp WVRD 2. Bd., Berlin, Leipzig 1925, S. 605—14.

— Die Anerkennung von Staaten und Regierungen im Völkerrecht in: Stier - Somlo. Handbuch des Völkerrechts 2. Bd., Stuttgart 1928.

— Critical Remarks on Lauterpacht's „Recognition in International Law" in: AJIL 44 (1950), S. 713—19.

Langer, Robert: Seizure of Territory, Princeton 1947.

Larnaude, F.: Les gouvernements de fait in: RGDIP 28 (1921), S. 457—503.

Las Cases: Le Mémorial de Sainte-Hélène Bd. I, Paris 1951, herausgegeben v. Marcel Dunan.

Lauterpacht, Hersh: Règles générales du droit de la paix in RC 62 (1937 IV), S. 95—422.

— De facto recognition, withdrawal of recognition and conditional recognition in: BYIL 1945, S. 164—190.

— Recognition in International Law, Cambridge 1947.

Lécharny, Louis: La validité des actes internes des gouvernements de fait a l'égard des etrangèrs, Paris 1929.

Lenin, Wladimir I.: Werke Bd. 20.

Lingelbach, Wilhelm E.: The doctrine and practice of intervention in Europe in: The Anuals of the American Academy of political and social science, Bd. 16, S. 1—32.

Liszt, Franz von: Das Völkerrecht, 11. Auflage, Berlin 1918.

Liszt, Franz von - *Fleischmann*, Max: Das Völkerrecht, 12. Auflage, Berlin 1925.

Lomnitz, Alfred: Die völkerrechtlichen Folgen einer Revolution, Dissertation, Breslau 1933.

Lorimer, M. J.: La doctrine de la reconnaissance fondement du droit international in: RDILC XVI (1884), S. 333—59.

Mac Nair, Sir Arnold: The Stimson Doctrine of Non-Recognition in: BYIL XIV (1933), S. 65—74.

Mac Nair, Sir Arnold - *Watts*, A. D.: The Legal Effects of War, 4. Ausgabe, Cambridge 1966.

Manning, William R.: Diplomatic Correspondence of the United States concerning the Independence of the Latin American Nations, Bd. III, New York 1926.

Masur, Gerhard: Simon Bolivar, New Mexico 1949.

Mc Mahon, John: Recent Changes in the Recognition Policy of the United States, Dissertation, Washington 1933.

Maistre, Joseph de: Vom Pabst, 2 Bd., Frankfurt 1822.

Makarov, Alexander N.: Die Anerkennung der Sowjetregierung durch die Vereinigten Staaten in: ZfaöRVR IV 1934, S. 1—24.

Malte-Brun, Conrad: Traité de la Legitimité, Paris 1825.

Marek, Krystyna: Idendity and Continuity of States in Public International Law, Genève 1954.

Martens, Charles de: Nouvelles causes célébrès du droit des gens, Bd. I, Leipzig, Paris 1843.

Martens, Georg Friedrich von: Einleitung in das europäische Völkerrecht, auf Verträge und Herkommen gegründet, Göttingen 1796.

Martens, George Fréderic de: Nouveau Recueil de Traités, Goettingue 1817 bis 1842.

— Précis du Droit des Gens Moderne de l'Europe fondé sur les Traités et l'usage, 3. Ausgabe, Goettingue 1821.

Martens, George Fréderic de - *Triepel*, Heinrich: Nouveau Recueil Général de Traités, 3. Serie, Leipzig 1908—1935, Bd. VIII, 1914.

Martens, Friedrich von: Völkerrecht 1. Bd., Berlin 1883, 2. Bd. 1886.

Mattern, Karl-Heinz: Die Exilregierung, Tübingen 1953.

Maurenbrecher, Romeo: Grundsätze des heutigen deutschen Staatsrechts, Frankfurt/M. 1837.

— Die deutschen regierenden Fürsten und die Souveränität, Frankfurt/M. 1839.

Meermann, J. F.: Von dem Rechte der Eroberung nach dem Staats- und Völkerrechte, Erfurt 1774.

Meisner, Heinrich O.: Die Lehre vom monarchischen Prinzip im Zeitalter der Restauration und des Deutschen Bundes, Breslau 1913.

Meissner, Boris: Die Sowjetunion, die baltischen Staaten und das Völkerrecht, Köln 1956.

Menger, Christian Friedrich: Die Teilung Deutschlands als Verfassungsproblem in: Der Staat 1 (1962), S. 3—18.

Menzel, Eberhard: Völkerrecht, München und Berlin 1962.

— Gebietserwerb in: Strupp - Schlochauer, WVR 1. Bd., Berlin 1960, S. 616 bis 24.

Metternich, Clemens, Lothar, Wenzel Fürst von: Aus Metternichs nachgelassenen Papieren herausgegeben vom Sohne des Staatskanzlers, Fürst Richard Metternich-Winneburg I. Teil, 2. Bd., Wien 1880, II. Teil, 1. Bd. 1881.

Meyer, Georg: Lehrbuch des Deutschen Staatsrechtes, 2. Auflage, Leipzig 1885.

Moore, John Bassett: A Digest of International Law, Bd. I, Washington 1906.

— The new Isolation in: AJIL 27 (1933), S. 607—629.

Moser, Johann Jacob: Grundsätze des jetzt üblichen Völcker-Rechtes in Friedens-Zeiten, Frankfurt am Mayn 1763.

— Versuch des neuesten Europäischen Völcker-Rechtes in Friedens- und Kriegs-Zeiten, I. Teil, 1. u 2. Buch, VI. Teil, 6. Buch, Frankfurt am Mayn 1777—78.

Mosler, Hermann: Die Intervention im Völkerrecht, Dissertation, Bonn 1937.

Münch, Fritz: Zur deutschen Frage in: Gibt es zwei deutsche Staaten, herausgegeben vom Auswärtigen Amt.

Murhard, Friedrich: Die Volkssouverainität im Gegensatz der sogenannten Legitimität, Kassel 1832.

Naef, Werner: Zur Geschichte der Heiligen Allianz, Bern 1928.

Nawiasky, Hans: Allgemeine Staatslehre 3. Teil — Staatsrechtslehre, Einsiedeln, Zürich, Köln 1956.

Neumann, Leopold: Grundriß des heutigen europäischen Völkerrechts, 2. Auflage, Wien 1877.

Newman, Robert P.: Recognition of Communist China? New York 1961.

Nicolson, Harold: The Congress of Vienna, London 1945.

Nippold, O.: Le Développment Historique du Droit International in: RC 2 (1924 I), S. 5—117.

Noel-Henry, M.: Les Gouvernements de fait devant le Juge, Paris 1927.

— Doctrine Américaine en Matiere de Reconnaissance des Gouvernements Etrangèrs in: RGDIP 35 (1928), S. 201—67.

Le Normand, René: Reconnaissance Internationale et ses diverses applications, Paris 1899.

Nys, Ernest: Le Droit International Bd. I, Bruxelles, Paris 1904.

— La doctrine de la reconnaissance des Etats in: RDILC 2. Serie V 1903, S. 292—301.

Oppenheim, Heinrich Bernhard: System des Völkerrechts, Frankfurt/M. 1845.

Oppenheim, Lassa - *Lauterpacht*, Hersh: International Law, London Bd. I, 8. Ausgabe 1955, Bd. II, 7. Ausgabe 1952.

Oeser, Ingo - *Oeser*, Edith: Einige völkerrechtliche Aspekte der Rechtmäßigkeit der DDR in: Deutsche Außenpolitik 1961, S. 85—98.

— Völkerrechtliche Aspekte der Rechtmäßigkeit der Deutschen Demokratischen Republik in: Deutschlandfrage und Völkerrecht II, Berlin 1962.

O'Connell, Daniel Patrick: International Law Bd. I, II, London, New York 1965.

Papaligouras, Panayis A.: Théorie de la Societé Internationale, Zürich 1941.

Peck, Joachim: Die Völkerrechtssubjektivität der Deutschen Demokratischen Republik, Berlin 1960.

Pfeiffer, Burkhard, Wilhelm: Inwiefern sind Regierungshandlungen eines Zwischenherrschers für den rechtmäßigen Regenten nach dessen Rückkehr verbindlich? Cassel 1819.

Phillimore, Sir Robert: Commentaries upon International Law, Bd. I—IV, 3. Ausgabe, London 1879—89.

Phillips, Walter Alison: The Confederation of Europe, A Study of the European Alliance 1813—23, New York, Bombay, Calcutta 1914.

Pinto, Roger: Le statut international de la République Democratique Allemande in: Journal de Droit International 1959, S. 312—425.

Ploetz-Rönnefarth, Helmut: Konferenzen und Verträge, Teil II, 3. Bd., Neuere Zeit 1492—1914, Würzburg 1958.

Podesta-Costa, L. A.: Règles a suivre pour la reconnaissance d'un gouvernement de facto par des Etats étrangèrs in: RGDIP XXIX (1922), S. 47—59.

Politik: Die Große Politik der Europäischen Kabinette 1871—1914, 32. Bd., Berlin 1927.

Pölitz, Karl Heinrich Ludwig: Die Staatswissenschaften im Lichte unserer Zeit, 5. Theil: Practisches europäisches Völkerrecht; Diplomatie und Staatenpraxis, Leipzig 1824.

Potter, Pitman B.: L'Intervention en Droit International Moderne in: RC 32 (1930 II), S. 611—85.

Pradier-Fodéré, P.: Traité de Droit International Public Européen et Americain, 1. Bd., Paris 1885.

Protokolle: Protokolle der Deutschen Bundesversammlung, 15. Bd., Frankfurt/M. 1823.

Puente, Irizarry I.: The Doctrines of Recognition and Intervention in Latin America in: Tulane Law Review 28 (1953—54), S. 313—342.

Pufendorf, Samuel: De Jure Naturae et Gentium Libri Octo 1688 in: Publications of the Carnegie Endowment for International Peace, Oxford, London 1934.

Quaritsch, Helmut: Legalität, Legitimität in: Evangelisches Staatslexikon, Stuttgart, Berlin 1966, S. 1226—1227.

Rabl, Kurt: Das Selbstbestimmungsrecht der Völker, München 1963.

Raestad, Arnold: La Reconnaissance Internationale des Nouveaux Etats in: RDILC 17 (1936), S. 257—313.

Redslob, Robert: Das Problem des Völkerrechts, Leipzig 1917.

— Histoire des Grands Principes du Droit des Gens, Paris 1923.

— La reconnaissance de l'Etat comme sujet de Droit International in: RDI 13 (1934), S. 429—83.

— Les Principes du Droit des Gens Moderne, Paris 1937.

Reibstein, Ernst: Völkerrecht — Eine Geschichte seiner Ideen in Lehre und Praxis, Bd. II, Freiburg 1963.

Rie, Robert: Der Wiener Kongress und das Völkerrecht, Bonn 1957.

— Das Legitimitätsprinzip des Wiener Kongresses in AVR 5 (1955/56), S. 272—83.

Rivier, Alphons: Lehrbuch des Völkerrechts, 2. Auflage, Stuttgart 1899.

Robertson, William Spence: France and Latin-American Independence, Baltimore 1939.

Ross, Alf: Lehrbuch des Völkerrechts, Stuttgart 1951.

Rotteck, Carl von: Legitimität in: Rotteck - Welcker Staatslexikon, 8. Bd., Altona 1847, S. 476—81.

Rotteck, Carl von - *Scheidler*, Karl Hermann: Völkerrechtliche Intervention in: Rotteck - Welcker Staatslexikon, 7. Bd., Altona 1847, S. 426—47.

Rotteck, H. von: Das Recht der Einmischung in die inneren Angelegenheiten eines fremden Staates, Freiburg 1845.

Rougier, Antoine: Les Guerres Civiles et le Droit des Gens, Paris 1902.

Rousseau, Jean Jacques: Staat und Gesellschaft „Contrat Social" in der Übersetzung von Kurt Weigand, München 1959.

Saalfeld, Friedrich: Handbuch des positiven Völkerrechts, Tübingen 1833.

Saumweber, Hermann: Untersuchungen über Legitimität und Legalität einer staatlichen Herrschaftsordnung, insbesondere im Bonner Grundgesetz im Hinblick auf Art. 79 III Grundgesetz, und die Frage der Legitimität bei der völkerrechtlichen Anerkennung einer Staatsgewalt, Dissertation, Heidelberg 1955.

Scelle, Georges: Règles Générales du Droit de la Paix in: RC 46 (1933 IV), S. 331—693.

— Mexique in: RGDIP, S. 117—132.

Schaeder, Hildegard: Die dritte Koalition und die Heilige Allianz, Königsberg und Berlin 1934.

Schätzel, Walther: Annexion im Völkerrecht, Berlin 1920.

— Die Annexion im Völkerrecht in: AVR 2 (1950), S. 1—28.

— Adjudikation in: Strupp WVRD 1. Bd., Berlin, Leipzig 1924, S. 6—7.

Schaumann, L.: Die rechtlichen Verhältnisse des legitimen Fürsten, des Usurpators und des unterjochten Volkes, Cassel 1820.

Schaumann, Wilfried: Anerkennung in Strupp - Schlochauer WVR 1. Bd., Berlin 1960, S. 47—54.

Schenck, Dedo von: Gedanken über das Selbstbestimmungsrecht der Völker in: Vereinte Nationen 1964, S. 166—71.

Scheuer, Gerhart: Die Rechtslage des geteilten Deutschland, Frankfurt/M. und Berlin 1960.

Scheuner, Ulrich: Ist die Bundesrepublik ein Provisorium in: Bulletin der Bundesregierung Nr. 27 v. 8. 2. 1961, S. 243.

Schirmer, Gregor: Zur Völkerrechtssubjektivität der Staaten und zum Problem ihrer völkerrechtlichen Rechtmäßigkeit in: Staat und Recht 1963, S. 647—63.

Schlüter, Ferdinand: De facto Anerkennung im Völkerrecht, Würzburg 1936.

Schmalz, Theodor: Völkerrecht, Berlin 1817.

Schmelzing, Julius: Systematischer Grundriß des praktischen Europäischen Völkerrechts 1.—3. Teil, Rudolstadt 1818—20.

Schmitt, Carl: Legalität und Legitimität, München 1932.

Schuster, Rudolf: Deutschlands staatliche Existenz im Widerstreit politischer und rechtlicher Gesichtspunkte 1945—63, München 1963.

— Zum Problem der völkerrechtlichen Anerkennung der beiden deutschen Regierungen (zur gleichnamigen Schrift des Frh. Marschall von Bieberstein) in: DÖV 1960, S. 161 ff.

Schwarz, Wilhelm: Die Heilige Allianz, Stuttgart 1935.

Schwarzenberger, Georg: The Fundamental Principles of International Law in: RC 87 (1955 I), S. 195—383.

— A Manual of International Law, 4. Ausgabe, London, New York, Bd. I u. II, 1960.

Schwenck, Walter: Die Vertretung Chinas in den Vereinten Nationen, Dissertation, Köln 1959.

Sehrbrock, Hermann: Legitimität und Staatsgewalt — Zum Problem der Revolution als Rechtsquelle, Dissertation, Köln 1951.

Sepulveda, Cesar: La teoria y la practica del reconcimiento de gobiernos, Mexico 1954.

Sharp, Roland Hall: Duties of Non-Recognition in Practice 1775—1934, Geneva 1934.

Sibert, Marcel: Traité de Droit International Public, Bd. 1, Paris 1951.

Smend, Rudolf: Verfassung und Verfassungsrecht, München und Leipzig 1928.

Smith, Herbert Arthur: Great Britain and the Law of Nations, Bd. I, London 1932.

Spiropoulos, Jean: Die de facto Regierung im Völkerrecht, Kiel 1926.

Stahl, Friedrich Julius: Die Philosophie des Rechts, 2. Bd., 2. Abtheilung, Heidelberg 1837, 2. Auflage, Heidelberg 1846.

Steck, Johann Wilhelm v.: Versuche über verschiedene Materien politischer und rechtlicher Kenntnisse — Erkennung der Unabhängigkeit einer Nation und eines Staates, Berlin und Stralsund 1783.

Sternberger, Dolf: Ich wünschte ein Bürger zu sein — Neun Versuche über den Staat, Frankfurt/M. 1967.

Stickel, Franz Ferdinand: Beitrag zu den Lehren der Gewährleistung und der Rechtsbeständigkeit der Handlungen eines Zwischenherrschers, Gießen 1826.

Stieglitz, Alexandre de: De l'equilibre politique, du légitimisme et du principe des nationalités Bd. 1, Paris 1893.

Stille, H. E.: Die Rechtsstellung der de facto Regierung in der belgischen und amerikanischen Rechtsprechung in: Internationalrechtliche Abhandlung, Berlin 1932.

Stowell, Ellery C.: Intervention in International Law.

— The Doctrine of Constitutional Legitimacy in: AJIL 25 (1931), S. 302—306.

— La Theorie et la Pratique de l'Intervention in: RC 40 (1932 II), S. 91—148.

Strisower, Leo: Intervention in: Strupp WVRD 1. Bd., Berlin und Leipzig 1924, S. 581—90.

Strupp, Karl: Urkunden zur Geschichte des Völkerrechts, Bd. I—III, Gotha 1911—12.

— Die Monroedoktrin in: Strupp WVRD 2. Bd., Berlin und Leipzig 1925, S. 63—67.

Talleyrand, Charles Maurice Fürst von: Memoiren, herausgegeben v. Herzog von Broglie, Deutsche Ausgabe Bd. I—V, Köln, Leipzig 1891—93.

— Talleyrands Briefwechsel mit König Ludwig XVIII. während des Wiener Kongresses, herausgegeben von G. Pallain, Deutsche Ausgabe Leipzig 1881.

Temperley, Harold: The Foreign Policy of Canning 1822—27, London 1925.

Teuscher, Hans Herbert: Die vorzeitige Anerkennung im Völkerrecht, Frankfurt/M., Berlin 1959.

Textor, Johann Wolfgang: Synopsis Juris Gentium, Basel 1680, published by the Carnegie Institution, Washington 1916.

Thomas, Ann van Wynen - *Thomas,* A. J.: The Organization of American States, Dallas 1963.
— Non-Intervention, Dallas 1956.
Tobler, Achim: Eroberung in: Strupp - Schlochauer WVR 1. Bd., Berlin 1960, S. 438—39.
Touscoz, Jean: Le Principe d'Effectivité dans l'Ordre International, Paris 1964.
Ullmann, E. von: Völkerrecht, Tübingen 1908.
Vattel, Emmerich de: Le Droit des Gens ou Principes de la Loi Naturelle 1758, in der Ausgabe von Schätzel, Tübingen 1959.
Verdross, Alfred: Völkerrecht, 5. Aufl., Wien 1964.
— Anerkennung von Staaten in: Strupp WVRD 1. Bd., Berlin und Leipzig 1924, S. 50—53.
Viel-Castel, Louis de: Histoire de la Restauration, 9. Bd., Paris 1866.
Visscher, Charles de: Les Gouvernements Étrangèrs en Justice in: RDILC 3 (1922), 3. Serie, S. 149—170, 300—335.
Ward - Litt - Gooch: Cambridge History of British Foreign Policy 1783—1919, Bd. II, 1815—1866, Cambridge 1923.
Wallmann, Wilhelm: Einflußnahme der Exekutive auf die Justiz im 19. Jahrhundert, Dissertation, Marburg 1968.
Weber, Max: Die drei reinen Typen der legitimen Herrschaft in: Winckelmann, Legitimität und Legalität in Max Webers Herrschaftssoziologie, Tübingen 1952.
Webster, Sir Charles: The Congress of Vienna, London 1963.
— The Foreign Policy of Castlereagh 1815—22 — Britain and the European Alliance, London 1925.
— Britain and the Independence of Latin America 1812—1830, Bd. I—II, London, New York, Toronto 1938.
Wehberg, Hans: La guerre civile et le Droit International in: RC 63 (1938 I), S. 7—123.
— Krieg und Eroberung im Wandel des Völkerrechts, Frankfurt 1953.
— Die Stimson-Doktrin in: Festschrift für Jean Spiropoulos, S. 433—43.
Weiss, Karl Eduard: System des deutschen Staatsrechts, Regensburg 1843.
Wellington, Arthur Duke of: Supplementary Despatches, Correspondence and Memoranda, Bd. 12, London 1865.
Wendorf, Hermann: Die Ideenwelt des Fürsten Talleyrand in: Historische Vierteljahresschrift 1934, S. 335—84.
Wengler, Wilhelm: Völkerrecht Bd. I u. II, Berlin 1964.
Westlake, John: The Collected Papers of John Westlake on Public International Law, herausgegeben von Lassa Oppenheim, Cambridge 1914.
— Traité de Droit International, 2. Ausgabe Oxford, London, Edinburgh, New York, Toronto, Melbourne, Bombay 1924.
Wheaton, Henry: Elements of International Law, The Literal Reproduction of the Edition of 1866, Oxford, London 1936.
Whiteman, Marjorie: Digest of International Law, Bd. I, II, Washington 1963.
Wiesse, Charles: Le droit international appliqué aux guerres civiles, Lausanne 1898.

Williams, Benjamin: American Diplomacy, New York, London 1936.

Williams, Sir John Fischer: The new Doctrine of Recognition in: Transactions of the Grotius Society, Bd. 18 (1932), S. 109—129.

— La Doctrine de la Reconnaissance en Droit International et ses Developpements Récents in RC 44 (1933 II), S. 199—314.

— Some Thoughts on the Doctrine of Recognition in International Law in: Harvard Law Review 47 (1933/34), S. 776—94.

Winckelmann, Johannes: Legitimität und Legalität in Max Webers Herrschaftssoziologie, Tübingen 1952.

— Die verfassungsrechtliche Unterscheidung von Legitimität und Legalität in: Z. f. ges. St. W. 112 (1956), S. 164—75.

Winfield, P. H.: The History of Intervention in International Law in: BYIL III (1922/23), S. 130—49.

Woolsey, Lester H.: The Non-Recognition of the Chamorro-Government in Nicarague in: AJIL 20 (1926), S. 543—49.

Wright, Quincy: The Denunciation of Treaty Violations in AJIL 32 (1938), S. 526—535.

— Some Thoughts about Recognition in: AJIL 44 (1950), S. 548—59.

— The Chinese Recognition Problem in: AJIL 49 (1955), S. 320—38.

— Is Discussion Intervention? in: AJIL 50 (1956), S. 102—110.

Zachariä, Heinrich Albert: Deutsches Staats- und Bundesrecht 3. Auflage 1. und 2. Theil, Göttingen 1865—67.

— Über die Verpflichtung restaurierter Regierungen aus den Handlungen einer Zwischenherrschaft in: Z. f. ges. St. W. 9. Bd., 1853, S. 79—114.

Zellweger, Edouard: Die völkerrechtliche Anerkennung nach schweizerischer Staatenpraxis in: Schweizer Jahrbuch für internationales Recht 11 (1954), S. 11—42.

Ziebura, Gilbert: Legitimität in: Fischer-Lexikon Staat und Politik, Frankfurt/M. 1957, S. 167—69.

Zivier, Ernst: Die Nichtanerkennung im modernen Völkerrecht, Berlin 1967.

Zöpfl, Heinrich: Grundsätze des Gemeinen Deutschen Staatsrechts, 1. und 2. Teil, 5. Auflage, Leipzig und Heidelberg, 1863.

Zwecker, Jochen: Die Sezession Katangas und das Eingreifen der Vereinten Nationen, Dissertation, Marburg 1967.